骑龙游北京

[俄] 伊琳娜·扎哈罗娃 / 著　　[乌克兰] 莲娜·刘 / 插图
李英男　孙芳 / 译

中国画报出版社·北京

图书在版编目（CIP）数据

骑龙游北京 /（俄罗斯）伊琳娜·扎哈罗娃著；李英男,孙芳译. -- 北京：中国画报出版社, 2019.10
ISBN 978-7-5146-1787-0

Ⅰ.①骑… Ⅱ.①伊…②李… Ⅲ.①中华文化—通俗读物 Ⅳ.①K203-49

中国版本图书馆CIP数据核字(2019)第178274号

骑龙游北京

[俄罗斯]伊琳娜·扎哈罗娃 著　[乌克兰]莲娜·刘 插图　李英男　孙芳 译

出 版 人：于九涛
项目统筹：方允仲
责任编辑：刘晓雪
内文设计：赵艳超
责任印制：焦　洋

出版发行：中国画报出版社
地　　址：中国北京市海淀区车公庄西路33号　邮编：100048
发 行 部：010-68469781　010-68414683（传真）
总编室兼传真：010-88417359　版权部：010-88417359

开　　本：16开（787mm×1092mm）
印　　张：13.75
字　　数：180千字
版　　次：2019年10月第1版　2019年10月第1次印刷
印　　刷：北京汇瑞嘉合文化发展有限公司
书　　号：ISBN 978-7-5146-1787-0
定　　价：68.00元

目录

1. 旅程开启 / 001
2. 长城 / 008
3. 世界上最大的广场 / 016
4. 八臂哪吒城 / 020
5. 北京的城墙和城楼 / 026
6. 紫禁城是可以进入的 / 033
7. 可敬的狮子揭开秘密 / 037
8. 紫禁城的主要广场和最高建筑 / 043
9. 玛鲁霞与神龟相遇 / 048
10. 仙鹤的故事 / 054
11. 鸟王的故事 / 058
12. 善良的大象揭开御花园的秘密 / 067
13. 糟糕!龙王出事了! / 075
14. 咪咪赶来帮助 / 080

15　九龙壁 / 084

16　铁影壁 / 091

17　仙人制药，龙王得救 / 094

18　钟鼓楼 / 098

19　继续旅行 / 105

20　龙王继续创造奇迹 / 108

21　国子监和街上的牌楼 / 115

22　玛鲁霞遇见兔爷 / 121

23　寻找朋友 / 126

24　坐着有轨电车回到过去 / 133

25　五味俱全的大栅栏 / 138

26　玛鲁霞又走丢了，结果…… / 145

27　魔法剪刀 / 151

28　艺术街区——琉璃厂 / 154

29　与犼相遇 / 160

30　鸟瞰天坛 / 163

31　游览天坛 / 168

32　北京菜 / 174

33　乘着龙舟旅行 / 179

34　上有天堂，下有苏杭 / 183

35　山水美如画 / 186

36　跟着老牛继续游览 / 192

37　没有墙壁的画廊 / 197

38　苏州街 / 207

后记
北京——神奇之旅 / 213

旅程开启

放暑假的某一天,玛鲁霞来到太姥姥塔塔家。此时太姥姥已经不在了,大人们说,她已经进了天堂。现在住在这里的是她的女儿,也就是玛鲁霞的姥姥伊拉。

塔塔养的小狗尼卡,一看见玛鲁霞,就像往常一样兴奋得直跳。玛鲁霞见到尼卡也非常高兴。

"孩子,你今天得一个人待一段时间了。虽然我今天休息,但单位有事,让我马上过去。午饭在冰箱里,水果在饭厅里。别太无聊,我会尽快回来的。"

说完这些话之后伊拉就走了,玛鲁霞深深地叹了口气,向饭厅走去。毕竟没有塔塔,一切都跟以前大不一样了。

"别难过！"一个熟悉的声音在耳边响起。

"你是谁？"小姑娘惊讶地问道。

"是我，安东尼奥。"

玛鲁霞冲着角落里的一个玻璃柜子跑去，那里面摆放着很多很多有趣的东西。

"你好，玛鲁霞！我们很久没有见面了。"安东尼奥说。这是一个玻璃做的小人，身穿精致的礼服，头戴三角帽，很像十八世纪的欧洲王子。

"你好！"玛鲁霞愉快地回答。

"我什么都知道，也很理解你的心情。你还记得塔塔的话吗？她经常说：'不要沉浸在愁闷中。'你看，周围有多少有趣的东西啊！就比如我们这个神奇的柜子吧。我答应过塔塔要给你讲讲它的秘密。恰好，柜子的第二层现在正有好玩的事儿呢。"

仔细望去，玛鲁霞惊呆了。就在摆着一只中式瓷花瓶的地方，有几个孩子正在快乐地玩耍。他们在玩的是一种很有意思的但玛鲁霞完全不熟悉的游戏。他们似乎完全没有发现玛鲁霞，只顾着玩一个插着彩色羽毛的小球，把它使劲儿踢向空中，小球跳来跳去的，活像是一只蝴蝶在空中飞舞。

"安东尼奥，他们玩得多开心啊！"

"没错！"安东尼奥说，"没什么可伤心的！我想是时候让你们认识一下了。我知道他们早就想认识你了。来吧，小姑娘，勇敢点儿！"

安东尼奥的话让玛鲁霞自信起来，她鼓起勇气对那些孩子说：

"我也想跟你们一起玩。"

"当然可以啦！"他们回答，"快点加入我们的队伍吧。"

"可我怎么加入呢？"

"你不是在安东尼奥的邀请下来过一次我们这个神奇的柜子吗？这次你就是我

们的客人了。一、二、三，梦想成真！"

刹那间，玛鲁霞也变成了柜子里玩耍的小孩了。

只见那些孩子都停下来，争先恐后地做自我介绍：

"我叫小王，这是我的朋友小鲁。你叫玛鲁霞，我们就叫你小玛吧。咱们一起玩，好吗？"

"可是我不明白你们在玩什么，也不知道怎么玩。"

"这根本不是什么难事。在我们中国，人人都会玩的，大人们也玩。这游戏对健康很有好处。你看！"

小王熟练地把一个彩色毽子抛向空中,然后左右脚轮流把它向上踢。

"啊,你们踢得太棒了!"

"是的,中国的小朋友都会踢。来吧,跟我学!"

玛鲁霞开始学着轻轻地把一个彩色的小毽子抛向空中,却总是踢不着它,每次都掉到地上。

"没关系,没关系,你再练一练,就可以跟我们一起踢了。"

"咦,为什么我以前从来没见过你们呢?"玛鲁霞若有所思地说。

"你错了,你已经见过我们很多次了。瞧,这个柜子里有一只陶瓷花瓶,是景德镇的名匠制作的。景德镇是中国一个以盛产瓷器而闻名的城市。我们就是那些画在花瓶上的玩耍的孩童。你知道吗,我们一动不动地待在花瓶上觉得太无聊了,所以就决定下来走一走,活动活动,给你展示一下我们的技巧。好了,现在你来了,我们早就想跟你认识了。"

玛鲁霞认真地听完了他们的话。

"也就是说,你们是从中国来的?"她惊讶地问道。

"当然了,就是中国,天下之国!"小王和小鲁齐声回答,"也有人这样称呼我们的国家。"

"那你们讲讲,中国是什么样的。"玛鲁霞恳求道。

"啊,中国是我们的祖国,那里有高山和大河,有古老的城镇,也有新建的都市,还有很多很多勤劳的人。嘿,讲什么呀?!你想不想自己亲眼看一看?就像中国俗话说的,百闻不如一见。"

"可是我怎么才能到中国去呢?"玛鲁霞惊讶地问道。

"很简单!"小王回答,"在这个神奇的柜子里有我们的许多朋友,其中还有

一条神龙呢！"

"龙？"玛鲁霞往后退了一步，她有点儿害怕。

"别害怕！这条龙很善良，很有智慧，他是我们真正的朋友。你快说，你到底想不想马上跟着我们到中国去玩一趟呢？"

其实，玛鲁霞心里早就想去中国看看了，但小朋友们的提议来得太突然了，她一时不知道该怎么回答。

片刻后，她激动地叫道："我当然想去中国啦！只是姥姥回来的时候如果看不到我，她会着急的。"

"别担心！咱们这可不是一般的旅行，是神奇之旅，我们很快就会回来的。普通游客去中国需要一周，或是更长时间，咱们用几小时就够了，因为有一条善良的神龙陪着我们去呢。好了，快下决心吧，否则我们可不等你了。"那几个孩子说。

"好，我愿意跟你们一起去！"

小王招呼了一声，这时，果真有一条龙出现在玻璃柜子里。玛鲁霞已经不再感到惊讶了，因为令人吃惊的事接二连三地发生：一开始她不知不觉变成了袖珍小孩，跟几个中国孩子一起在柜子里聊天，现在在她面前又出现了一条真龙，还张开大嘴冲着她笑。

"我叫龙王。从你出生那天起我就认识你了。来吧，快爬到我的背上！抓紧点儿，万一你们掉下来，我可帮不了你们了。等一下，你们中间得有人留下来。路途遥远，我只能带两个人！"

小王以最快的速度爬上了龙王的后背，伸出手把玛鲁霞拉了上去。

"那好吧，我下次再去。"小鲁说。

"路上小心！龙王，你要照顾好孩子们，快去快回！"柜子里的居民们纷纷叮嘱道。

"Yílù-píng'ān！"那是瓷花瓶发出的悦耳的声音，就像歌声一样动听。"Yílù-píng'ān"这几个字的中文意思就是"一路平安"。

"一、二、三，梦想成真！"龙王喊出这句话之后就……

长城

那条龙腾地飞上高空。玛鲁霞和小王坐在龙背上紧紧地抓着不放松。他们朝着东方飞去,那里是伟大的中国。

"现在我们已经飞到中国上空了。"龙王激动地说。

这时,玛鲁霞看到一座座高山,山间有一条巨大的长龙。

"你们看,你们看,群山之间还有一条这么大的龙啊!"

"你说什么呢,"小王笑了起来,"这是中国的长城。它是始建于战国时期的军事防御工程。"

龙王补充道:

"你说的没错,玛鲁霞,万里长城真是像一条巨龙。"

龙王降落在城墙上,建议孩子们沿着城墙走一走。

玛鲁霞一转眼恢复了原来的样子,小王也变成了活泼的小男孩,个头还比她高一点儿,弄得玛鲁霞摸不着头脑,不知道是怎么回事。扭头一看,龙王也变了身,变成一位尊贵的老人。他似乎看懂了玛鲁霞心里的疑问,低声说道:

"只要有洞察万物的能力,艺术就可以创造真正的奇迹。瞧,我们现在来到中国了。那些心怀不满、天天无所事事的人绝不会完成这样的长途跋涉!"

小王沿着城墙快步奔跑,第一个爬上前面的烽火台,向远方望去。

对,过去那些在烽火台上的士兵就是这样执勤的,一旦发现有什么动静,就会立即点燃烟火,让邻台知道有险情。这种警报就会像连锁反应一样迅速传递,告诉军士们要准备对付敌人的入侵。

城墙底部内侧当年是军事警备区,士兵们时刻准备着向敌人反击。

"龙王,那城墙里的通道是做什么用的?"孩子们很疑惑,"敌

人不是完全可以利用通道进来吗？"

"通道也有士兵守护。没有通道不行——这是通向首都北京的必由之路呀。沿着丝绸之路行进的商队带着各种各样的货物要从这里走过。"

"丝绸之路？是一条铺满丝绸的路吗？"玛鲁霞十分惊讶。

"你猜的差不多。这条路之所以得名为丝绸之路，是因为中国人曾经沿着这条路把丝绸运往国外，其他国家当时根本没见过丝绸啊！中国是丝绸、瓷器、茶叶的故乡，这三样宝贝誉满境外，当时非常珍贵。许许多多的骆驼商队，将丝绸、瓷器、茶叶、香料等货物从亚洲运往欧洲。"

"请问龙王，长城有多长、有多高？"小王问道。

"这个问题很有趣，也很重要。长城的高度是不同的，取决于地形和地势。越是平坦的地方，城墙就越高，有的地方能达到8～10米，上部相当宽敞。长城的修建可不是一件容易的事。为此，皇帝下令在全国各地强征劳工。他们把城墙修得非常坚固，高不可攀，能够有效抵挡入侵的敌人。但老百姓可是受了不少苦难！有一个孟姜女哭长城的故事，讲的就是这些情况。"

"龙王，讲讲这个故事吧！"玛鲁霞恳求道。

"好吧。这个故事很有意思。很久很久以前，皇帝下令在全国召集能工巧匠来修建长城。此时

有一位姓孟的漂亮姑娘和她的未婚夫正准备成亲。正在吃喜酒的时候，突然闯进来一伙衙役把新郎抓走了。无论孟姜女怎么哭泣、怎么乞求，他们都丝毫没有可怜她，拒不放人。

"过了很久，孟姜女没有收到丈夫的任何音信。于是，她决定亲自去找他。她跋山涉水，经历了千辛万苦，终于走到长城跟前，开始打听，但谁也不知道她丈夫的下落。绝望之中，孟姜女失声痛哭，哭声惊天动地。突然间，城墙哗啦啦地倒塌了，孟姜女终于看到了自己的丈夫。原来，他早已因为过度繁重的苦役累死了！

"这一切发生在秦始皇统治时期。秦始皇听说了这件离奇的事情后，命人把孟姜女带进宫廷，于是他手下的人立即奉命把孟姜女送到了他面前。秦始皇一见到孟姜女，就被她的美貌给迷住了，高声说：'我要娶你为妻！'孟姜女假装服从，但她要求厚葬原配丈夫。秦始皇下令照办了。然后，秦始皇带着孟姜女上船出海。可是，当大船远离岸边之后，孟姜女就跳入大海自尽了。故事到这里就结束了。"龙王讲完了。

"这简直就是罗密欧与朱丽叶啊！"玛鲁霞说。

"人们至今还记着这位忠于爱人的姑娘，为她修建了庙宇，谱写了歌曲，还有不少诗歌画作都是讲她的故事……好了，咱们该出发了！快到我的背上来，抓紧了！一、二、三，梦想成真！"

世界上最大的广场

"哇,我们飞到我最爱的北京啦!"小王高兴地大喊起来。

"完全正确!"龙王证实了他的话,"这个城市中文名字是'北京',意思就是位于北方的首都。"

"难道还有第二个首都,位于南方的首都吗?"玛鲁霞很惊讶。

"古代中国历史上曾经有若干城市先后被定为首都,其中就有'南京',意思就是'位于南方的首都'。"

"我们从天安门广场开始了解北京吧。广场上的人民英雄纪念碑经常迎接最尊贵的客人。"

"那我们也是尊贵的客人吗？"玛鲁霞问道。

"当然啦！孩子就是未来，如果我们两国的孩子都结为朋友，那么两个国家将会世世代代友好和睦。"

"我们已经是好朋友了。"两个孩子开心地说，"龙王，你看，多么宽阔的广场啊！"

"我们现在就站在中国最主要的广场上，它也是世界上最大的广场。东边的建筑是中国国家博物馆，西边的建筑是人民大会堂。现在的天安门广场是1949年中华人民共和国成立之后，经过几次扩建而成的一个从北往南沿城市中轴线伸展的大型广场。"

"龙王，为什么它叫天安门广场呢？"两个孩子问道。

"小朋友们，我这就告诉你们，"龙王笑着说，"往那边看，看到了吧，那儿就是天安门！以前它是通往皇城的大门。"

"通往哪里？"

"皇城。过去皇城周围全都是紫红色的墙，顶端铺着金色的瓦片。现在，只有墙的南段被保存下来了。"

"就是我们现在看到的这堵墙吗？"

"是的。古时候，每逢隆重庆典，朝廷官员们就身着盛装，跪在皇宫大门前，眼睛注视着大门上面的城楼，等着上面降下一只金凤凰，它嘴里衔着的是皇帝的圣旨。"

"接下来呢？"

"官员用一个特制的托盘恭恭敬敬地接住圣旨，然后把它送到相关的衙门，责令擅长书法的人把圣旨抄写在专用的黄色纸张上，送往国内各个省份。"

"龙王，你讲得如此生动，好像亲眼见到过似的！"

"没错，就是亲眼见过的。我们龙族寿命很长，能活几百岁。我这一生中见到的事可多了，"龙王解释道，"孩子们，你们知道为什么北京有一句老话叫'东边掌生，西边掌死'吗？"

"不——知——道。"孩子们拉长声音说。

"很简单，"龙王说，"皇家的礼部、吏部、户部、工部、兵部，这些掌管人民休养生息之事的机构都设在东边，而刑部、七司、三院等掌管生杀大权的机构都设在西边。天安门则是皇帝隆重出行的大门。天安门不仅是北京的标志，也是中国的象征，它的形象被设计在了中华人民共和国的国徽上……你们想更好地了解整个北京的结构吗？那我就请你们去看看煤山。"

一听到"煤山"，玛鲁霞就担心起来："不，不，别去了，会把身上弄脏的。我想，那里肯定到处都是黑乎乎的。"

龙王只是笑了笑，坚持让孩子们快点爬到他的背上去。

"一、二、三，梦想成真！"

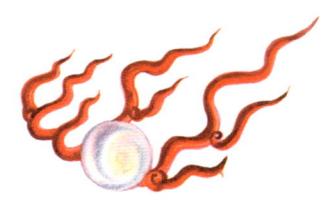

4

八臂哪吒城

小朋友们转眼就来到了煤山山头,这里可以欣赏整个北京城的美景。

龙王很轻松地迅速变成了人形,太令人惊讶了!他们在空中飞行时,他是一条巨龙,现在转眼就又变成了一位仪表堂堂的老者了……玛鲁霞已经习惯了这些变化:要知道这是龙王呀!一条神龙!只要他念一句"一、二、三,梦想成真",立刻就会出现真正的奇迹……

"这里真漂亮!周围全是绿油油的树木,没看见一块煤啊!"玛鲁霞疑惑地说。

"所以,永远不要急着下结论。孩子们,你们看到山上有五座造型优美的亭子了吗?去看看中间那座亭子,它就在最高处。"

孩子们兴奋地在万春亭里跑来跑去，向四面张望，欣赏北京城的神奇景观。

"孩子们，等一等，不是每一个方向都有一样的景色！"龙王提示他们说。

"那应该向哪边看呢？"玛鲁霞迫不及待地问道。

"这个问题非常重要！首先我要告诉你们，你们目前正站在一个相当特殊的地方。"

"在亭子里！"小王回答道。

"不对。你没有发现最重要的一点：这座亭子，还有古代皇城和天安门广场，都位于北京的中轴线上，我们恰好站在这条线上。"

"在中轴线上？怎么会？我不明白。"玛鲁霞说。

"要了解中国建筑和北京城的结构，这是非常非常重要的。中国建筑的特点是严格对称。你们看，这条从南往北贯穿全城的中心轴把整个城市的主要历史古迹都连起来了，还把城市分成两半——东城和西城。"

"等一下，等一下，龙王，"玛鲁霞央求道，"我好像彻底迷糊了。"

"我马上给你解释。你看！中心轴是一条很长很长的直线，把城市分成了两半，东边的部分，叫东城，西边的部分，叫西城。"

"也就是说，'东'是东边的意思，'西'是西边的意思。那什么是'城'呢？"玛鲁霞觉得很有趣。

"'城'在汉语里既是'城墙'，又是'城市'的意思。"

"我现在好像懂了。"

"这很好理解，"小王也加入了他们的谈话，"过去每座城市都要建城墙，来抵御外敌入侵。"

"说得非常对！"龙王肯定了他的说法，并继续说下去，"北京老城的结构就

好比是象棋的棋盘。有一个古老的传说就是讲这个的。"

"亲爱的龙王，请你给我们讲讲这个故事吧！"孩子们恳求道。

"那好吧，你们听着。北京城历史上又叫作'八臂哪吒城'。哪吒是神话人物，少年形象，小小年纪就制服了很多鬼怪和孽龙（龙的属性有善也有恶）。当年皇上有了修建北方都城，也就是北京的想法，哪吒得知后很高兴，但他知道，有一群妖魔鬼怪早已看上这块宝地，要把它们赶走，就得动脑筋想出克敌制胜的妙计。动工前，皇帝命两个官员绘制都城的图纸。他们讨论了许久，但怎么也达不成一致意见，于是他们决定：每人根据自己的意思绘制一张图，从中择优挑选。哪吒恰好抓住了这个机会。他变成一个八臂孩童先后来到这两个官员家中，暗示和引导他们照着他的样子来绘制图纸，也就是在遵循几何学原理画平面图时把都城的 11 个城门分别画在哪吒的脑袋、八条臂和两条腿的位置上。到了约定的那一天，两个官员背靠背地打开各自的图纸，结果令众人目瞪口呆：俩人的图纸竟然一模一样！大家都明白了，这就是最好的布局，能有效地对抗妖魔鬼怪的阴谋，守护城市！这就是哪吒想出来的城市布局……现在你们往南看！"

"多么漂亮的金色屋顶啊！就像大海的波浪一样！"玛鲁霞惊叹道。

"你们眼前的是故宫——中国古代宫殿，是古代中国皇帝住的地方。我们现在所在的煤山正好对着故宫的北门。中国人认为，正对皇城北门的高山能够抵挡妖魔鬼怪的出现。几百年前修建皇城的时候，挖出来的岩土都堆到这里，后来又在这儿堆放过皇城取暖用的煤炭。"

"怪不得叫煤山呢！"玛鲁霞恍然大悟。

"就是这个原因！但煤山不久就成为北京城里最美丽的景观之一，有了另一个名字——景山，意思就是'能看到美景的山'。现在你们回过头往北看，看到钟楼和鼓楼了吗？这两个建筑是北京中心轴的北端。故宫，又叫紫禁城，位于皇城之内，皇城有自己的一道墙。不仅如此，北京城还筑起了高大的外围城墙守护着内城。我们现在就去看看城墙吧。"

北京的城墙和城楼

龙王一边在城市上空飞行着,一边问玛鲁霞和小王:

"现在我们的下方是什么?"

"是大马路。"孩子们齐声回答,"路上行驶着许多小汽车、公交车、摩托车……"

"完全正确!我们现在是在北京二环路的上方。以前这里就是北京城的城墙,非常坚固宽厚,可以挡住那些不请自来的'客人',周围还有护城河,也让敌人寸步难行。位于城墙里面的是北京人称其为内城的城区。"

"那现在这些城墙到哪儿去了?"孩子们不解地问道。

"要知道,城市总是不断地变化和发展的。随着时间的推移,城内就变得越来越拥挤了,因为城市变大了。你们自己想一想吧:北京城在建城之初的时候,城里只有几十万人,今天已经是一千五百多万人了。"

"这就像是我们自己的身体在不断生长一样。突然有一天,以前穿的衣服都变小了。"玛鲁霞说。

"是的,过去没有人能想象城市里会出现这么多的汽车,到处奔跑。"小王补充道。

"亲爱的孩子们,如今已经很难想象过去城墙城楼的样子了。当然,城墙的高大还体现着首都的强大无比和不可战胜。前往北京的游人打老远就能看到这些攻不可破的城墙和城楼。不仅如此,城墙上开出的城门还决定了城市街道的基本方向。你们注意一下,如今北京很多街道的名字都保留了以前和它对应的城门的名字。比如说,东直门、朝阳门,等等。"

"这些街名都有'门'字。"小王注意到了这一点。

"是的。玛鲁霞,要记住,汉语里的'mén'意思是'门'。"龙王解释道。

他们一边聊着一边继续飞行,不知不觉地飞到东便门的上方,这座位于东南角的角楼一直保存至今。

"哎呀!这角楼真高,很难攀登!"小王感叹道。

"你说对了!想象一下,旧时的北京没有现代化的高楼大厦,全部是平房,更能烘托出城楼的高大庄严,给进京的人们留下深刻的印象。可想而知,这城楼代表的是京城的威严!另一方面,每一个游人都会想到:城墙的角楼都这么壮丽,那城内的宫殿庙宇更应美不胜收啊!城楼上有一排排箭窗,窗口里小外大,更显出墙的厚度。这座城楼具有典雅的双层楼顶,绿色的琉璃瓦,稍稍拱起的屋檐,这就是城楼的特色,一方面它是防御工事,另一方面又是城市的一种装饰,看上去非常壮丽,对吗?"

"我刚才好像看到城楼箭窗里唰唰地射出了箭,冲着敌人飞去。"小王放飞想象说。

"这座角楼旁还保留了一小段老城墙。"龙王补充道。

"那城墙是用什么材料修建的?"玛鲁霞问道。

"我看里面有黏土和沙砾……"小王说。

"还要加上石灰、砖块。"龙王说,"好吧,现在你们坐好,我们要前往北边看看,那里的城墙没有保留下来,但是……"

"我看到了,看到了!"小王开心地喊道。

龙王小心翼翼地降落在一座宏伟的建筑上。"这是德胜门箭楼,"他又继续讲述,"原来还有许多门楼高耸在城墙上,门楼前筑有箭楼,我们现在就站在这样一座箭楼上。箭楼的作用是让进攻者望而生畏,同时保障守城卫兵的安全。德胜门箭楼过去用半圆形的护墙与门楼相连,形成瓮城。如果敌人破城而入,他们就会落入陷阱,周围都是石墙,守城士兵从四面八方向他们射箭,让他们无法逃脱。可见,箭楼上的四排箭孔不是随便开出来的。"

"城楼前面的护城河也是一层屏障。"小王注意到。

"完全正确!"龙王点头称赞。

"修建这些工事,都是为了防御。"小王说。

"还有呢!整个城墙上共有44座坚固的棱堡,门楼安置了大鼓,鼓声隆隆响起时,敌人会顿时恐惧,而守城的卫兵则会立刻士气高涨。"

"对,"小王装出很懂行的样子,"这才叫真正的固若金汤。"

"当然咯！另外很有意思的一点是，城墙的每座门都肩负着各自不同的使命。有的是运水，有的是运粮。这德胜门呢，则是军队打完胜仗归来的必经之门。好吧，现在咱们向南飞吧。"

很快他们又到达了熟悉的天安门广场。龙王飞到广场南部，孩子们在那儿看到了两座城楼：一座五颜六色，华丽无比；另一座坚固威严，是箭楼。

"城墙呢，哪儿去了？"

"已经被拆毁了。这里的城墙原是内城和外城的分界线，外城就在南边。那里是郊区，但也非常热闹：有各种手工业者的作坊，还有很多市场和店铺。我跟你们说的这一切都是我亲眼见过的，我认为，北京城里所有的箭楼、门楼都是非常雄伟坚固的，但其中'正阳门'，或者北京人更习惯叫的'前门'，有着更加特殊的地位。因为正阳门的使命非常重要。我还清楚地记得，正阳门的大门开启，过去只有在……"

"什么时候？"玛鲁霞着急地问。

"就是在皇帝出皇宫，带着随从前往天坛或先农坛举行祭祀活动的时候，还有皇帝出京巡视的时候。"

"那么老百姓想去外城，怎么办呢？"

"除了正阳门之外，还有另外两个门可以通往外城，那就是崇文门和宣武门，分别对应北京城两个主要商业区——东单和西单。"

"龙王，外城是怎么出现的？"玛鲁霞问道。

"十六世纪，北京的南郊发展起来了，也修建了城墙，就这样有了内城和外城的区分。"

"龙王，也就是说，我们已经看完北京的城墙了，是吗？"玛鲁霞有点儿遗憾地问。

"怎么会！"龙王否定道，"全城周围都有高墙和沟壕，城内一些地方也都围起来了。"说到这儿，龙王稍微沉默了一会儿，然后仿佛要揭开一个重要秘密似的庄重地说道，"内城、皇城、紫禁城和外城都有自己的城墙，但不是完全隔绝的。"

"你不是说过，城区周围都是城墙和灌满水的沟壕，或是护城河吗？"玛鲁霞提醒龙王说。

"这些城区围绕中轴线联结为一体。除此之外，城里的皇宫、庙宇、花园、百姓的家宅，也都有高墙。"

龙王沉默下来，似乎是在给孩子们一点儿时间去消化这些知识。片刻后，他继续说："很多年来，北京一直是中国的首都，历代的建城者们都十分讲究。"

"讲究……什么？"小姑娘没有听明白。

"讲究建房选址的时候，要严格遵循房屋的正门都要朝南。好了，现在我们继续游览吧。"

6

紫禁城是可以进入的

"现在我们马上要进紫禁城了！"龙王郑重地说。

"要不，咱们别进去了？"玛鲁霞有点儿犹豫地说，"紫禁城，紫禁城，有个'禁'字，就是说禁止入内呗。"

"你说的有一定道理。"龙王笑了起来，"以前普通百姓确实是禁止入内的，因为这里是明清两代24位皇帝的宫殿。"

"那现在呢？"小姑娘有点儿怀疑地问。

"现在的紫禁城，或者叫故宫，是中国最大的建筑和艺术博物馆。我们来这里就是要进去看看的。你瞧，有多少来自世界各地的游客都在排队买票呢。人人都希望亲眼见到著名的故宫和里面保存的珍宝。"

"龙王，我很想进去！可是我们没时间了，排的队太长了。"

"谁说我们要在这里排队？办法待会儿再说。你们先听我简单介绍一下，只能长话短说，要不紫禁城的故事永远也讲不完。紫禁城的城墙高10米，顶部的宽度可以并排跑两辆马车……"

"这个建筑为什么叫紫禁城呢？"小王打断了龙王的话。

"中国古人认为，北极星是整个宇宙的中心，它就是紫色的。皇城还被称为禁城，是因为对于大多数老百姓来说这里是一块禁地，感觉非常神秘，令人害怕。百姓能看到的只有紫禁城金色的屋顶在阳光下闪闪发亮，给人一种宏伟壮丽的感觉。"

"龙王，那个塔楼的顶部怎么那么特别呀！"小姑娘惊叹道。

"说得没错。紫禁城四角都建有这样的角楼。你们看，角楼顶部结构非常复杂。很早以前，北京就流传着一个传说。"

"给我们讲一讲吧！"孩子们央求说。

"这是很久以前的事了。有一天，皇帝把很多工匠召集起来，命令他们为皇宫建造顶部新奇别致的角楼，如建不好就要杀头。皇帝的话就是圣旨。时间慢慢过去，可是那些工匠却想不出该怎么建造才算是新奇别致。离皇帝规定的日期就剩下一天了，一个工匠在悲观绝望之际决定去城里走一走。但他低垂着头，深陷在痛苦的思索中，无论如何都想不出办法来。这时，他突然听到一个老人的声音说：'哎，小伙子，买下我这个蛐蛐儿吧，还有这个笼子！''什么蛐蛐儿，什么笼子啊！明天我就要被砍头了！'工匠伤心地说。卖蛐蛐儿的老人还是坚持：'你先看一眼这个笼子吧！'这时小伙子才转过身来，瞟了那笼子一眼，发现其形状精美无比，对建造角楼很有启发，他顿时眉开眼笑赶紧拿钱把笼子买了下来。那个卖蛐蛐儿的老人

意味深长地笑了笑说：'这笔买卖对你来说多值呀！'后来人们猜想，那位蛐蛐儿的老人就是建筑鼻祖鲁班的化身。"

"那后来怎么样呢？"玛鲁霞着急地问。

"笼子帮助了那些工匠，救了大家的命！他们建起的四个角楼都是建筑史上的奇迹。"

"我们现在到故宫的主城门'午门'了。午门十分威严，两边的侧翼向前方延伸，筑成排列整齐的廊庑，环抱着午门前的广场，这里过去是举行隆重仪式的地方。城楼上，有10米高的基座支撑着一条中心廊和两侧的庑房。东边的亭子里摆着很多大鼓，西边的亭子里挂着一排钟。皇帝要去太庙的时候，要击鼓；而要去天坛祭祀的时候，则要鸣钟……好，现在我们该进故宫了。"

说完这些话，龙王就规规矩矩地从游客队伍旁边走过，也走过了检票的哨岗……不知为什么，没有人表现惊讶，也没有人出面制止，相反，人们都高兴地向龙王打招呼说："欢迎！欢迎！"还责怪龙王怎么很久没来了。

"太忙了，太忙了……这不带着两个小朋友来了嘛！"龙王解释道。

可敬的狮子揭开秘密

龙王和两个孩子走进午门,穿过两边都是高墙的通道。

"啊,太美啦!"玛鲁霞惊叹道。

"是啊,小姑娘,你说得对!从天安门到紫禁城的这条长长的通道把我们带进了一个宽敞的广场,这个广场很美,而且藏着很多秘密。"

"什么秘密啊?"玛鲁霞和小王不约而同地问道。

"这里暗藏着整个故宫的图纸。"

"真的吗?"小王惊讶地问。听到"暗藏图纸"这几个字后,他压低声音说:"怎么才能找到这份秘密图纸呢?它藏在哪儿?"

"它就在你面前，只要认真观察，任何秘密都会自动解开。"

"但我没有看到任何图纸和地图啊！"

"我也没有！"

"好吧，我来帮帮你们。你们看！很多游客几乎是在跑步前进，似乎不敢停下来向周围观看。"

"对，要善于观察、发现问题，这是一套真正的科学。尊敬的龙王，您是很了解这一点的……"一个洪亮的声音在他们身边响起。

"你好！你好啊！可敬的狮子！"龙王回应道。

"好久不见了！"

在两个惊呆了的孩子面前出现了一只童话般的狮子！也许，它就是守护广场北边太和门的一只青铜狮子吧？没错，那边的底座上现在什么都没有了！可没有一个游客注意到这个变化。不少人戴着耳机，正沿着电子导游引领的路线认真向前走，其他人则一路小跑紧跟导游，生怕掉队。导游们手里都高举着一根长杆，上面挂着旅行社的小旗子。所有的人都在着急地走路，似乎是一分钟都不能停留，也不能向四周环顾。

"这些游客实际上是遵循故宫建筑群的内在结构在向前行进。你们看！这里是一条从南往北的城市中轴线。这条主路是用白色石板镶嵌而成的，并且决定着行走的方向。"

"尊敬的狮子，请允许我先介绍一下我的小朋友们——玛鲁霞和小王。"龙王客气地说，"要不，劳驾您给我们讲一讲这个广场的秘密？"

"尊敬的龙王，我相信，您会讲得更好。但是既然您委托我来完成这个光荣的任务，那好吧！首先你们看看这条弯弯曲曲的河道，这条河有一个不同寻常的名字——内金水河，它把这宽广的广场分成了两个部分。这种划分跟整个故宫的建筑布局是一致的，故宫也是分为内廷和外朝两个部分。还有一个秘密，那就是金水河本身。你们看，整个广场都是用石头铺成的，周围也都是石墙，但这里还有自然界的另一个元素——河水。"

"那又怎么着？这算什么秘密？"

"由此可知，紫禁城里是有一些大自然的元素的，比如树木、花草。"

"这已经是第二个秘密了。"小王算了一下说，"还有吗？"

"当然还有。金水河道曲折变化的样子就像是一张弓，河上的五座白石桥象征着儒家学说的五种美德。"

"是哪些美德？"

"仁、义、礼、智、信。小朋友们，你们会慢慢理解的，紫禁城里有许许多多的象征性表达方式。"

"这已经是第三个秘密了。还有吗？"玛鲁霞期盼地问道。

"咱们到中心桥上去吧！"狮子邀请大家过去。

孩子们在桥上停下来，一动不动。

"啊，尊敬的狮子，我们觉得太和门似乎离我们更近了呢！"玛鲁霞和小王惊讶地喊了起来。

"不知道你们能不能听懂……事实上你们已经感觉到了。原因是站在中心桥上的时候，我们的视角变了，变窄了，看不见侧门了，太和门就显得更为突出了。"

"为什么呢？"

"因为太和门只能供皇帝一个人出入。"

"这已经是第四个秘密了。"小王总结道。

"但这还不是全部。这里表现出紫禁城中心轴的一个重要特点：忽上忽下的交替变化。这是第五个秘密。想知道第六个秘密，就跟我一起上台阶吧。"

"啊，我看见一座神奇的宫殿！"

"我也看见了！"

"这里蕴含着紫禁城空间结构的一个特性。第一个庭院和第二个庭院，以及太和门前的广场在空间上是相连的，第一个庭院可以说只是太和殿前广场的前厅。"

"谢谢您，尊敬的狮子！您抽出宝贵时间给我们讲了这么多重要的秘密。"龙王感谢道。

"也谢谢你们！请原谅我要告辞了，我得回去站岗了。但没关系，紫禁城的居民们一定会帮助你们的。"

说罢，狮子非常轻松地跳上自己的底座，摇晃了一下脖子，便一动不动了，仿佛它从未离开过这个"岗位"。

"龙王，这就是最主要的秘密吧！"玛鲁霞惊奇地指了指青铜狮子，激动地叫道。

"当然咯！艺术总是蕴藏着很多的奥秘。"龙王意味深长地说。

8

紫禁城的主要广场和最高建筑

玛鲁霞和小王在太和门后面看到的一切完全超出了他们的想象：展现在他们眼前的美景简直让他们目瞪口呆。

"孩子们，我理解你们的心情，"龙王说，"中国的建筑大师，紫禁城的建造者们，要体现的是皇帝的大，也就是天子的大。这是故宫里面最大的广场。"

"我们面前的这座建筑是什么？"

"这是明朝和清朝时期的最高建筑——太和殿，意为体现最高和谐的地方。它的高度是35米。旧时的北京城禁止建造比太和殿更高的房屋。太和殿坐落在高8米的三层汉白玉石雕基座上，周围的栏杆上都有雕花，让人感觉这座宫殿，不是坐

落在石头基座上,而是高高地飘在白云中。"

"真的很像!"玛鲁霞感叹道。

"那是因为,"龙王继续讲,"建筑师们想传达这么一个信息:太和殿跟玉皇大帝的天宫是很相似的。站在这里,我们能非常清楚地看到殿顶是双层的,由金黄色的瓦片铺成。在古代中国,黄色是皇权的象征。宫殿顶部的体积非常庞大,但看上去却很轻巧。你们想想,这是为什么呢?"

孩子们沉默下来,想了一会儿,然后两人同时开口说道:

"因为它是弯曲的!"

"你们说得非常对!殿顶的斜檐不是直线向下的,而是向上弯曲,末端微微翘起,而且屋檐向殿墙之外延伸,并没有跟墙体接触。"

"这么重的屋顶为什么不会塌下来呢?"小王问道。

"殿顶是靠殿内的很多柱子支撑起来的,柱子都被涂成了一种明亮的红色——朱红色。屋顶的重量通过斗拱的复杂结构分散了,斗拱就是由很多涂有明亮绘饰的木制支架和房梁组成的承重结构。"

玛鲁霞惊讶地问道:"龙王,我还没有完全弄明白……比如,学校里讲过,柱子都有顶端——柱冠,这里的柱冠是什么样的呢?"

"中国建筑与欧洲建筑不同,中国建筑的支柱没有柱冠,而是有很多独特的侧翼,它们的用途就是均匀地等分屋顶的重量。另外一个作用就是装饰,它们都被绘上了华丽的绘画。而墙体并不用于承重,只是起到屏风的作用。你们看,墙的上部由一些木头雕成的网状格框组成,墙的下部用木头、黏土、石头等材料筑成。我还要告诉你们,这种结构可以保证房屋免遭地震、飓风、暴雨的毁坏。"

就这样,龙王一步一步地给孩子们揭开了中国建筑的奥秘。玛鲁霞和小王顺着紫禁城的中轴线，也是整个北京的中轴线前行，仿佛正在读一本引人入胜的书。

"古代的皇帝在这里，就是在太和殿举行登基大典，也举行新年庆祝活动和其他一些重要仪式。"龙王介绍说。

最后，他们来到太和殿的斜坡前。展现在他们眼前的是三道台阶，大理石板上都刻有装饰花纹，是在祥云中飞舞的龙的形象，汉白玉栏杆上也都刻有龙凤图案……而向台基的三层露台望去，一个个石雕龙头，栩栩如生，仿佛正瞪着眼睛盯着玛鲁霞和小王！

"好多龙啊！"玛鲁霞叫道。

"龙再多也不嫌多呢。"龙王笑了一下说，"现在我们需要的是一场大雨。一、二、三，梦想成真！"

刹那间，宫殿上空，就在他们的头顶上，真的下起了一场倾盆大雨，但很快就下完了。几乎是同一时刻，那些石雕龙头的嘴里竟然开始吐出一股一股的水流！

"天哪，太美啦！"两个孩子同时发出了惊叹。

"这就像是巨型喷泉。"小姑娘开心地说。

"看到了吧？这些龙头不仅是装饰，而且还是牢固的排水道。你们现在看到的这幅景象叫作'千龙吐水'。嗨，你们好啊！我可爱的亲人们！"

龙王的问候马上引发了令人不可思议的事情：所有的石龙都向他问好！其中一些还腾空而起，开始展示"最高级别的飞行术"，在空中呈现出了千奇百怪的神奇姿态。

周围的游客们欢呼雀跃，不停地按动着手中的相机，并坚信自己有幸看到的是巨龙图案的风筝展示会。

玛鲁霞与神龟相遇

玛鲁霞和小王聚精会神地看着神奇的景象。在游客们的嘈杂混乱中,他们却找不到龙王了。

"这该怎么办呢?该往哪儿走?"

"小王,我们上去吧,到大殿去。龙王也许已经在那里了。"玛鲁霞建议说。

唉,可是大殿里也没有找到龙王。玛鲁霞和小王非常失落,不知会发生什么事情,要知道,他们可离不开这个神奇的讲解员……两个孩子紧张地看着人群,这时突然传来一个声音:

"不用担心,不要着急!龙王就在这里,他哪儿也没有去!"

玛鲁霞立即转向声音的方向，看到了一只巨大的青铜乌龟。

"哇哦！"小姑娘感到特别惊讶，"您刚才还在那个台子上……怎么突然就到这里了呢！"

"小朋友，我当然要在你们身边，因为你们是龙王的朋友，也就是我的朋友。"

"您是谁？"

"我是老龟，或者按科学的叫法，是青铜龟形熏香炉。你们看，在那些台子上面有许多铜制的香炉，大殿前面还有鹤形和龟形的香炉，龟、鹤都象征着长寿。"

旁边的铜鹤也挥舞起翅膀欢迎他们。

"请看，旁边还有日晷和嘉量。"

"尊敬的神龟，请问熏香炉是做什么用的啊？"玛鲁霞问道。

"往熏香炉里放上香料，点燃，整个香炉附近就会充满美妙的香气，而缭绕的烟雾会让人觉得大殿不是在地上，而是在天上。"

"可是龙王在哪里呢？"孩子们有点儿不安了。

"他就在这里，又恢复了龙的形象。他刚才无法控制自己，见到亲人，就忘乎所以了。哦不，也不是忘掉了所有的事，他提示我，让我陪你们一会儿……小朋友们，我们去大殿吧——那样你们就会看到龙王向你们介绍的一切。趁游客们跟那些飞龙合影，我们进里面看看吧。"

那只神龟毕竟是乌龟，它缓慢而庄重地向前爬去，玛鲁霞和小王也只能跟在后面慢慢走。

"尊敬的神龟，您不是铜做的嘛……怎么会说话呢？还会走路？"小王非常好奇。

"这个问题很有意思……很多年前，能工巧匠们用精湛的手艺制造了我这只铜龟。你们知道吗，真正的艺术是能够创造奇迹的，真正的艺术品也是会说话的。只要善于观察，就能发现很多秘密。中国古人认为，龟甲圆形的上半部分象征着天穹，扁平的下半部分象征着大地，合起来就是'天地合一'！此外，乌龟还是长寿的象征。

"你们知道吗，我们乌龟被认为是地球上最古老的爬行类动物呢。我的龟甲上有非常复杂的花纹，古代的占卜师曾力图靠这些花纹进行占卜。在中国，用龟甲上的花纹图案做装饰一直很流行，人们会把这种图案印在纸张上或绣在绸缎上。这种装饰甚至有一个专门的名称，叫'龟背纹'。乌龟是非常坚韧且有耐力的，我想没人会怀疑这一点。龟、鹤的形象一起出现就蕴含着美好的寓意，意味着'像龟、鹤一样长寿'。大殿前面放上有龟、鹤形象的熏香炉，就是因为这样的寓意。"

终于，他们到了大殿。

"你们很幸运——现在这里没有游客，他们都跑到广场上拍照去了。请看大殿里面，太和殿的特点是大气壮观、富丽堂皇。太和殿的总面积达到 2377 平方米，殿内有几排漆成朱红色的起支撑作用的大圆柱。"

"尊敬的神龟，为什么有的柱子有云龙缠绕？"

"你们很善于发现有趣的细节啊！中间的几根柱子上确实有金龙图案，因为这几根柱子中间正是皇帝的宝座，就是台子上面那个高高的座位。"

"神龟，您看，整个皇座上面都有龙形图案！背面和扶手上都有。大龙挥舞着利爪，张着大嘴，还喷着火焰呢！"

"皇帝坐在这样的宝座上不害怕吗？"小王觉得很不可思议。

"怎么会害怕呢?要知道,龙可是皇权的象征。皇座后面那个有镀金雕刻的屏风也有龙的图案。这里还有一个秘密呢。"

"您能告诉我们是什么秘密吗?"孩子们期待地问道。

"当然可以了,你们是龙王的朋友嘛!在古代的中国,人们认为一切妖魔鬼怪都是从北面来的,所以皇座的北面一定要加个屏障。人们认为那些妖魔鬼怪只会走

直线，如果在路上遇到什么障碍，它们就无法进来了。"

"也就是说，屏风不仅是个装饰，还能阻挡妖魔鬼怪！真是个奇特的想法！"小王说。

神龟说道："还有，你们注意到了没有，大殿的地上铺的是'金砖'呢。"

"金砖怎么是灰色的呀！"玛鲁霞觉得很奇怪。

"不是所有的'金子'都是亮色的，"神龟深沉而郑重地说，"能工巧匠们下了很大功夫，用特殊的黏土制作了有特殊硬度、极为坚固的地砖，所以称为'金砖'。好了，我要讲的都讲完了。"

孩子们还没来得及感谢神龟呢，就发现了站在他们面前的仙鹤。

仙鹤的故事

"乌龟大姐,现在让我来陪伴我们的小朋友吧,我也有一些故事想讲给他们听呢!小朋友们,先坐到我的背上来吧,坐好。"

玛鲁霞和小王没有任何犹豫,立即坐到了仙鹤的背上,仙鹤挥动着翅膀,腾空而起,飞上了天空。

"小朋友,坐稳了,请你们仔细看看大殿屋顶末端那几只小神兽,它们形状各异,却有同样的任务——都是要守护大殿的。"

"看,屋脊顶端是骑凤仙人,后面的都是神话中的形象:龙、凤凰、狮子、天马、海马等。(你们知道,神兽越多,建筑的等级就越高。)每只神兽都有不同的寓意,传说可预防不同的天灾，有防地震的，有防大水的……现在我们要到屋脊的最顶端了，守在这里的是螭吻。你好，螭吻，这是龙王的朋友。"

螭吻亲切地笑着说：

"欢迎欢迎，请允许我自我介绍一下：我是龙之子螭吻，负责大殿防火事宜。"

"很高兴认识您，我叫玛鲁霞，这是我的朋友小王。难道这里会有火灾吗？"玛鲁霞感到很吃惊。

"事情是这样的，在中国，建筑工程中用的是各种不同的材料，比如石材、陶瓷、木料，等等。而木头是很容易起火的，一次雷电就能引发大火，因此，我必须保持高度警惕，坚守岗位。建筑师把我永远固定在这里，让我一刻也不能离开。"

"哎呀，您真辛苦呀。"小王说道。

"没事，没事，一点儿也不累。守护皇宫是很大的荣耀，这个职位是对我的赏赐，因为我是龙的儿子。"

仙鹤继续向上飞，等飞到高空之后，她提醒孩子们要紧紧抓着她的脖颈。

"现在，从高空中往下看，你们就能清晰地看到，紫禁城的三大宫殿有同一台基，或者说是建在同一个基座上，形状像汉字的'土'。太和殿在前，后面紧挨着的是中和殿、保和殿。我清楚地记得，古时候逢年过节，皇帝要在一大早坐上龙辇来到保和殿，接着前往中和殿。中和殿是接受官员朝拜的地方，朝拜时，官员要向皇帝三拜九叩。最后，皇帝前往太和殿入座，此时，在场的众人都要下跪叩拜。"

玛鲁霞和小王坐在仙鹤的背上俯瞰着紫禁城，尽情享受着奇妙的景色，然后仙鹤飞落到地面上，孩子们也小心翼翼地从鹤背上下来。

"我的主要职责就是守护紫禁城前半部的几座主要宫殿，现在你们眼前的这个广场就是一道分界线，把紫禁城分为外朝和内廷，刚才你们游览的是外朝，它是举行重要官方仪式的地方。广场后面的大门是通往紫禁城内廷的。很遗憾，我这就要和你们告别了，我要回去继续执勤了。"

"谢谢您，尊敬的仙鹤！可我们接下来该去哪里呢？"

"不必担心，龙王已经发出通知，我们大家都会很乐意给你们介绍故宫的。但是切记，你们必须沿着故宫中轴线从南往北走，不能偏离方向。现在就顺着台阶下去吧。"

说罢，仙鹤一转眼就飞走了。

鸟王的故事

"小王,现在我们是不是要自己参观了?"玛鲁霞问道,"告诉我,沿着墙根摆放着的那些大缸是干什么用的?"

"我也想知道呢。"小王只能这样回答。

玛鲁霞和小王走下台阶,又转过身来,想要再次欣赏一下外朝的宫殿。

"哇,小王,你看多美啊!"玛鲁霞突然叫了一声。

"哪里?"

"就在你前面!"

玛鲁霞赶忙指给小王看,那是一面巨大的大理石板,上面的图案是云中戏耍的大龙。

"小王你看，简直太美了！这上面有龙，有彩云，有海浪，还有峭壁。"玛鲁霞一边仔细观察大理石的花纹，一边不停地赞叹。

小王还没来得及回应呢，他们面前就出现了一只美丽无比的大鸟，它不是飞来的，而是从汉白玉护栏上下来的。

"太不可思议了！又是一个奇迹！"

"说得太对了，艺术就是真正的奇迹！"那只鸟儿开口说话了，"向你们自我介绍一下：我是百鸟之王——凤凰，在紫禁城，有很多我的图像，因为凤凰象征着和平、财富和吉祥。龙和凤凰的形象双双出现，象征着皇帝和皇后。很早以前，能工巧匠们按照皇帝的指令在一块汉白玉石板上雕刻了9条龙，把它从北京郊区运进了紫禁城。"

"怎么运来的？这石板又大又重啊！"

"劳动人民是聪明智慧的。他们等到严冬来临，在路上泼上水，让路面结冰，然后由上万人把石板拖到了皇宫。现在，咱们继续游览紫禁城吧。"

玛鲁霞和小王对反复出现的奇事已经习以为常了，很听话地跟着这只神奇的鸟王向前走去。

"我刚才无意中听到你们说对那些铜缸有兴趣。紫禁城的铜缸原来的用途是装水，防备火灾，因为这里的大部分建筑都是木制结构的。你们注意到没有，铜缸下面都有砖座，因为冬天寒冷的时候，缸里的水会结冰，这时就在下面生火，让冰快速融化。"

"你们怎么样？还好吧？"凤凰一边说着，一边走向入口处的一对铜狮子。

"我们很好，一切正常。"狮子回答说。

"给你们介绍两位龙王的朋友，玛鲁霞和小王。"

"欢迎！欢迎！"坐在门口两边石座上的两头狮子热情地欢迎他们。其中一头看起来像是雌狮，她锋利的前爪还抓着一只小狮子。

"她怎么抓着自己的孩子啊，会伤着它的！"玛鲁霞叫道。

"瞧你说的，"凤凰急忙用她那动听的声音解释说，"事情可不是你想的那样……可见你对中国的艺术还不大了解。"

"别担心，小姑娘。我绝对不会抓伤自己的宝宝，我用利爪给它喂奶呢，要把它养成一头强壮勇猛的雄狮。"

正当他们说话的时候，小狮子从石座上跳了下来，像只小猫一样在地上连滚带爬、翻筋斗，活蹦乱跳，母狮温柔慈爱地看着自己的孩子玩耍。

这时，雄狮转向玛鲁霞和小王，低吼着说：

"如果你们想变得强壮，就得接住我这个球。"

说着就把他爪下的球扔向玛鲁霞和小王，这可把俩孩子吓了一跳：要知道这是个铜球，重量很大！但是铜球刚到他们手里，玛鲁霞和小王就觉得浑身充满了力气，而铜球忽然变得很轻，比他们经常玩的橡胶球和排球也重不了多少。

"好样的！拿住它，再给我扔回来。不要害怕，小朋友，你们能够做到的。"

果然，玛鲁霞和小王很轻松地就把球扔上了石座。

"谁能接住狮子的球，它就赏赐给谁力量！"雄狮解释道，"现在你们已经亲身验证过了，中国的古老传说是很有道理的。"

"谢谢您，尊敬的狮子！我们现在变得更强壮了，能够轻松地完成下一段的旅程。"小王说。

"走吧，走吧！"鸟王似唱非唱地说，"我请你们深入紫禁城，也就是去内廷看看。

注意看,这里也有三个宫殿,但宫殿的基座没有前面的高。其实很好理解,因为紫禁城外朝的宫殿是举行官方仪式的地方,而内廷的宫殿是帝王家人饮食起居的地方,所以宫殿台基稍微矮一些。而且,外朝用的是华丽庄重的大理石,这里则多用陶瓷装饰,显得更有家庭气息。建造紫禁城的时候,建筑艺术家喜欢用琉璃瓦片做宫殿装饰。今天北京的琉璃厂街就是当年制造瓦片的地方。

"刚才说过,内廷三个主要宫殿建在一个不太高的台基上。这是乾清宫(清洁干净之宫),在明朝时是皇帝居住的地方,清朝时又是皇帝处理日常政务的地方,后来皇帝还在这里接见外国使节。这个宫殿被赋予崇高的使命,所以这个建筑有……"

"两层金色屋顶!"小王抢着把话接下。

"没错,"凤凰高兴地说,"还有呢?"

"这里的屋檐上也有小神兽。"玛鲁霞补充道。

"完全正确,真棒!现在请你们去交泰殿看看。往里面看一眼,看到什么了吗?"

"看到一些盒子。"

"这些用黄色绸缎包着的盒子是宝盒,你们看,绸缎上还有龙的图案!"

"那里面有什么宝物啊?"小王迫不及待地问。

"是'二十五宝玺',也就是皇帝的印章,那可是真正的宝物,作用非同一般。这些印章形状很大,都是用玉制成的,所以叫玉玺。盖章时,要先把玉玺在盛有特殊印泥的印台中蘸一下,然后加盖在准备好的文件上。只要盖上这宝玺,任何文件就会有无上的法律效力了。

"中国历来非常推崇书法,皇座后面屏风上的题词就是乾隆皇帝亲笔书写的。现在咱们去坤宁宫,看看宫殿的东面。"

"哇，我看到很多一样的汉字！"玛鲁霞叫道。

"哪儿呢？哪儿呢？"小王有点儿晕头转向。

"这里的屏风、灯笼和台灯上都有金色和红色的'双喜'字（"双重幸福"之意）。"凤凰解释说，"这里以前是皇帝的婚房。在中国，'双喜'字就是婚礼的象征。卧榻一侧用绸缎帘子与大厅隔开了。"

"我看到帘子上有玩耍的孩童图案！"玛鲁霞兴奋地说，"太漂亮了！"

"一点儿没错。这是刺绣，用各种不同颜色的丝线绣在红色的绸布上，这是纯手工完成的，叫'百子图'，有特殊的意义。"

"有什么含义呢？"小王问。

"这幅图上绣着一百个嬉戏玩耍的小男孩。"

"看到了吗，都是男孩，没有女孩。"小王意味深长地看着玛鲁霞说。

"中国古代，每个家庭的长子都被寄予厚望，并承担着特殊的责任。长子既要继承财产，也要延续家族的血脉，还要维持孝敬父母的家规。'百子图'上画的

一百个男孩就象征着一种美好的愿望，代表'望子成龙'之意。另外，你们仔细观察一下图上的孩子，他们每个人都在玩不同的游戏，看起来很普通，但也蕴含着美好的寓意。比如，那个男孩手里拿着一个大桃子，寓意长寿；另一只手里的桂树枝则寓意地位高贵。"

玛鲁霞终于看懂了，她指着图说："每幅画里都有着不同的画谜。"

"是的。"凤凰说，"现在，我得跟你们告别了，我们的内廷之旅到此结束。再见吧，小朋友们，祝你们旅途愉快！"

说完，神奇的鸟王就冲向天空，消失不见了。

12

善良的大象揭开御花园的秘密

"我们现在该往哪儿走呢?"

两个孩子彼此看了一眼。

"没有了龙王,而且我们也忘了向凤凰询问一下他的消息……"

话音刚落,他们面前竟然出现了一头大象!这是一头活生生的大金象,它在太阳的照耀下闪烁着金色的光芒。

"你们好!亲爱的朋友们!"大象开心地向孩子们打招呼。

"你好!"玛鲁霞和小王齐声回答道。

"我知道你们的情况。紫禁城里的消息传得有多快,你们是难以想象的。告诉你们,龙王现在正忙着参加紫禁城里的群龙聚会,要讨论一些重要的事情。聚会一结束,他就会马上跟你们会合。现在由我来带领你们到御花园散散步。紫禁城里一共有四个花园,其中御花园是最特别的。你们知道是什么原因吗?"

"不——知——道!"孩子们拉长声音说。

"第一,这是最大的一个花园;第二,这个花园坐落在中轴线上;第三,它的布局结构非常严谨讲究;第四,这是皇帝的花园嘛,皇帝和他身边的人在这里休息。嗯,说得够多了,现在该去看看实际的样子了!咱们一起参观一下御花园,请注意:你们将会见到很多奇花异草。比如,这棵树干分成两部分的古树可是一个真正的奇迹!游客们都喜欢在这里拍照留念。"

"我们也想拍!"

"没问题!来,站到这里,笑一笑!不,不,不是这样,笑得再开心一点,这个时候可以说……"

还没等他说完,小王就脱口说出一个词语,他的脸上也随即喜笑颜开。

"这是什么神奇的词语,能让人露出笑容?"小姑娘没记住,发不出这个音,心里有点儿不高兴。"是'qiézi',意思是'茄子'。"小王慢慢地说。

"茄子在哪儿?"玛鲁霞很吃惊。

"这是中国人随便说的一个词语,说它就是为了能露出笑容。"小王解释道。玛鲁霞这下才明白,大笑起来,一遍一遍地重复说"茄子"。

几秒钟之后,玛鲁霞和小王的手里就有了几张神奇的照片,玛鲁霞在照片上笑得非常开心。

"这个花园里还有罕见的石林,里面的石头是从中国各地运来的。你们看,石头的大小、颜色和形状都各不相同,但是……"

大象稍微停顿了一会儿，然后扬起它的大鼻子说：

"这些石头全部都是天然形成的。来访的游客不是每个人都能理解这一点。有人还会不解地问，为什么一些普通的石头要放在大理石雕花底座上供人参观？提出这样问题的人，对我们的古代文化了解得太少。我再强调一下，所有这些石头都是天然形成的，并非人工制成，而且是从遥远的地方运过来的。"

"尊敬的大象，现在给我们讲讲这些小路的奥秘吧！"孩子们请求说。

"对，这是御花园里的又一个名胜。在这些小路两侧用彩色的小石子镶嵌了各种图案，有山水、花鸟，还有传统戏剧的场面。天才工匠们总共创作了约900幅石子画——这是一个真正的镶嵌画画廊。"

"现在请你们注意欣赏一下园子里这些精挑细选出来的植物。你们面前的就是……"

大象还没说完，小王就脱口而出：

"这是松树！"

"对！松树旁边是竹子和梅花。这里也蕴含着奥秘。"

"树木就是树木，哪会有什么奥秘呢！"小王说。

"由此可见，小王你啊，年纪还小，还没有完全懂得我们中国文化的博大精深。你听好了，松、竹都常青，梅花的特性则是在寒冷时节盛开。这些植物能够在严寒中生存下来，因此被称为'岁寒三友'。所以，松、竹、梅在一起象征着牢固的友谊，这种友情能经受最严峻的考验，也不怕任何磨难。还有一个细节，请看那个挂在树上的小牌子，上面写着这棵树的年龄，它就像是树的身份证。你们在这里能见到生长了几百年的古树。可以想象，比如这棵树，可能曾经见过在御花园里散步的皇帝哟！"

"没错！我清楚地记得，有一个皇帝登基的时候，年龄很小，他就喜欢带着玩具到这里来玩，跟普通的孩子没有什么区别。"老松树开口说道。

"谢谢您！尊敬的古树！您这辈子见过好多世面了，难怪松树是长寿的象征呢。"

大象说完，又继续给孩子们介绍：

"小朋友们，在这里你们还可以欣赏到一种中国特有的园林艺术，那就是园中园。"

说完这句话，大象就把他们领到一个小土丘旁。玛鲁霞和小王看到上面有几块岩石，被松、竹、梅所环绕，这松、竹、梅长得非常非常矮小。

"这就是一个例子，证明在一个大花园中还可以有一个花园，里面栽种一些小型植物。"

"这些袖珍植物是怎么种出来的呢？"玛鲁霞惊奇地问。

"是用特殊方法栽植出来的。培养这种袖珍植物，必须有绝对的耐心和精湛的手艺。现在，请你们伸出双手来。"

孩子们非常听话地伸出双手，大象在他们的手掌上撒了点面包屑。

小王不解地向玛鲁霞瞥了一眼。

"别惊讶，没什么可惊讶的，"大象说，"到这个亭子里来，这下面有个水塘，里面养着一些观赏鱼。"

玛鲁霞和小王把手里的面包屑撒到水中，水面顿时热闹起来：几百条金色、红色和黑色的鱼儿纷纷游来抢着吃食。

"现在你们完成了在紫禁城里面的游览活动了。当然，你们看到的只是中轴线上的建筑。其实，东西两边还有很多建筑……那里也有不少可看的地方：有花园、宫殿、廊亭，里面展出了中国古代的瓷器、玉器、青铜器、漆器……很多很多珍宝。"

"紫禁城里有街道吗？"小王问道。

"小兄弟，我们走出御花园，你就会看到的。"

的确，孩子们走出去看到了一条长长的路，两边是紫红色的高墙，墙上有很多门，通向不同的宫殿。

"哎呀，这里很容易迷路呀！"玛鲁霞高声说。

"确实如此！"大象表示同意，"记得60年前，有一位年轻的女性来故宫参观，她是研究中国艺术的，后来成为俄罗斯著名的专家，名叫娜杰日达·维诺格拉多娃。进到故宫后，她简直入迷了，结果在这迷宫似的道路中迷了路。"

"然后呢？"

"没事儿，她走来走去，最终还是找到了出口。于是她后来不止一次地提醒自己的学生，进入这些一眼望不到头、令人迷惑的过道走廊，一定要注意点……啊，龙王来了！"

"敬爱的大象，对不起，我来晚了。谢谢您抽出宝贵时间来陪伴我的朋友们！"龙王向自己的老朋友致谢。

"不用谢！能认识这两个可爱的孩子，我觉得非常开心。尤其令我高兴的是，他们对中国艺术、中国文化很有兴趣。"大象说完就消失不见了。

"龙王，我们还以为你把我们给忘了呢，担心再也见不到你了呢！"两个孩子纷纷说。

"怎么会呢，我亲爱的朋友们，我怎么能忘记你们！我只是被邀请跟众多亲人见个面，他们的盛情我无法拒绝……于是我不得不请我的老朋友们替我向你们介绍紫禁城里的名胜。我相信，他们能够让你们的这次游览变得十分有趣，格外精彩。

那现在,我们就得离开紫禁城了。"

"不,不,我们还想再看一会儿,周围还有很多有趣的东西呢!"

"我也认为你们说得对,但是我们的时间不多了。"

他们又向御花园走去,在花园出口处,再次见到那头熟悉的大象。它端坐在自己的底座上,周围移动着熙熙攘攘的人群。每个人都想用手触摸一下大象,跟它拍照留念。

"你们知道游客们为什么都想在这里拍照吗?"龙王问,"因为大象在中国文化中象征着力量和高尚的品德,是一种吉祥之物。"

大象微微点头表示同意,但除了玛鲁霞和小王之外,谁也没有注意到这个细节。

糟糕！龙王出事了！

"现在我们要去北海！"龙王宣布。

"咱们别去北海啦，那里肯定很冷，我们衣服都穿得特别少！"玛鲁霞哀求道，"咱们最好还待在这里，多看看北京。"

龙王笑了一下，然后解释道："这里的'北海'指的是北京的一个公园，以前也是皇家的御花园，现在早就对公众开放了，谁都可以去。所以，咱们出发吧！"

于是孩子们爬上龙王的后背，紧紧地抓住他的龙脊。

这不，他们已经飞到紫禁城上空了，围着煤山飞了一圈，然后龙王给孩子们指了指中海和南海。

"你们知道吗,这是北京城里最漂亮的一个地方。在这里呼吸都会觉得更加顺畅,因为这里有很大一片水,也有很多绿色植物……"

龙王在湖上飞了几圈,让孩子们多看看湖边的名胜,一饱眼福。

"北海公园一年四季都有各自的美。冬天,当湖水结冰之后,人们可以在这里尽情滑冰。春天,湖边的垂柳会率先发出嫩芽。夏天,这里会开满荷花,散发出淡淡的芳香。到了秋天,北京人和外地游客都会纷纷来这里赏菊,也很喜欢在这里划船。"

"龙王,湖中心的最高处是什么啊?"

"这就是著名的白塔。佛教里的塔有各种不同的形状,你们看,这个塔形很像一口大钟。"

龙王围着白塔飞了几圈,可没料到,他的尾巴碰到了挂在白塔顶端的一个铜制风铃,风铃立即发出清脆的"当当"声,这声音盖住了龙王发出的呻吟声。他受伤了。龙王不得不赶紧降落下来,藏到竹林里。

"龙王,你怎么啦?是我们做错什么事了吗?"两个孩子齐声问道。

"不,你们没有错,是我刚才离白塔太近了,这是对我的惩罚。我的尾巴尖受伤了,不能继续飞行了。"

龙王的伤口看上去非常疼痛。

玛鲁霞温柔地抚摸了一下龙王,说道:

"龙王,我们非常爱你!我们能为你做些什么?怎么才能把你治好?"

"只有一种特殊的药才能治好我的伤。"龙王说完之后就昏迷过去了。

小王和玛鲁霞两个人不知所措,看着龙王发呆。他们已经习惯了一切听龙王指挥,由龙王来解说各种奥秘……现在他们必须独立行动,而且要快!

"好吧，我们现在站在北海公园里，它是以前皇家的花园，距离故宫不太远。龙王受了伤，躺在我们身边。"小王在整理思路。

"小王，我们得找到药店去买那种药！"玛鲁霞顺着他的思路说。

"你想想：我们去药店说，要给一条龙买药，谁会相信我们？谁会相信有一条真龙？还受了伤？人家会说：'你们看童话故事看多了吧！'"

孩子们努力地想办法，而身边的龙王则喘着粗气，痛苦地呻吟着。

"怎么办呢？怎么才能帮助他呢？"

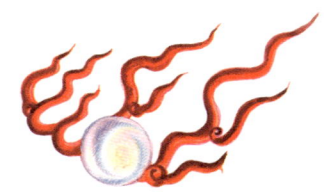

14
咪咪赶来帮助

突然间,孩子们面前出现了一只猫咪。它把背优美地弓起来,伸了个懒腰,然后……

"喵,我叫咪咪。我听说你们的朋友遇到困难了,"那只猫叫了一声说道,"北海公园里住着好多我的亲戚朋友,消息传得非常快。我的一个表妹听说你们有难处,建议找找九龙询问解决办法。九龙很有可能知道如何帮助龙王。"

"那我们怎么才能找到这九条龙呢?"孩子们问道。

"我来给你们指路。"猫咪叫了一声说道。

"那谁留下来看护龙王呢?"

"别担心,这里有很多猫,不会让他孤单的。好了,跟我来吧,别跟丢了!"咪咪说。

说完这些话之后,咪咪非常灵活地沿着斜坡往山下跑去。

玛鲁霞和小王跟着它,沿着那些用天然石块铺成的形状奇特的台阶往下走。突然,他们发现,那只猫不见了。

"喵喵,喵喵……"孩子们急着呼唤那只猫咪。

但猫咪不知去哪儿了,孩子们发起愁来。怎么才能帮助龙王呢?

就在这时,那只猫咪又神奇地出现在他们面前。

"求求你们,不要'喵喵'地叫我,好吗?我又不是一只宠物猫,我是有名字的。你们直接叫'咪咪'就行了。你们还站在这儿干吗?"

"我们看不见你了。"玛鲁霞非常抱歉地说。

"明白了。你们对北海公园还不熟悉。一开始咱们是沿着小路,顺着台阶走,旁边有绿色的灌木丛和树木,后来我就钻到假山洞里去了。炎热的夏天只有这些洞穴里才会凉快,所以我喜欢走这条路,这时你们就找不到我了。没关系,但这一次要注意点!"

然后,猫咪举止优雅地往假山走去。

小王和玛鲁霞赶紧跟上它。他们进入到一个真正的洞穴中,头顶上倒挂着一些奇形怪状的石头。确实,这里比外面凉快多了。在盛夏时节,这些假山简直就是大家的救星。

很快,猫咪带着孩子们从假山中钻出来,来到了一个码头。

"现在你们要坐上这艘龙船,到对岸去。我的一个妹妹在那里等着你们,她会带你们去找九龙。我要留下来看护你们的朋友,希望九龙能帮助你们找到那种神药。"

就这样，两个孩子登上了一艘龙船，船在北海里行驶，随着波浪轻轻地摇晃着。

"小王，你看，我们刚刚离开的那座岛多美啊！"玛鲁霞说，"湖边的长廊，就像是一条项链装饰着小岛，美丽的影子倒映在湖水中。假如龙王没有受伤，我们就可以在那里散散步了。"

"你说得很对！小岛的确很美！"小王也有同感，"但眼前最重要的是治好我们的朋友。我希望，咪咪的妹妹能帮助我们快点完成使命。"

15

九龙壁

龙船一靠岸,一只雪白色毛茸茸的猫咪就出现在玛鲁霞和小王面前,它的一只眼睛是蓝色的,另一只眼睛是黄绿色的。这只猫早就在岸边等着他们了。

"喵,你们是从我姐姐咪咪那里来的吗?"

"对,就是我们。你好!"

"我叫莉莉。"猫咪说道,"现在咱们出发吧,不能耽误时间了。你们记住:见到九龙之后,首先要鞠三次躬,以示尊敬,然后才能上前诉说你们的请求。不要说废话,龙族可不喜欢啰唆。"

说得小王和玛鲁霞非常紧张,他们跟在猫咪后面往前走,猫咪为了让他们宽心则尽量让他们俩顺路欣赏公园的美景。

"我们现在走的是岸边。你们看,柳树多么美丽,柔软的枝条几乎都要垂到水面上了。看!那里有面铁墙,叫铁影壁。"

周围有很多古树,绿色的草坪上有几只猫正在悠闲自在地休息,看到莉莉之后纷纷恭敬地向她打招呼,询问是否需要帮助。

"好了,我们走到了。你们马上会看到一面很高的墙壁——'九龙壁',上面有九条龙在大海中嬉戏玩耍。你们自己过去吧,我留在这里等你们。"

玛鲁霞和小王继续向前走去,拐了个弯之后,忽然看到一个真正的奇迹——一堵约五十米长、上面铺有金色琉璃砖瓦的高墙。孩子们被这堵高墙的美迷住了,以至完全忘记了猫咪的嘱咐,傻站在那里一动不动。

九条蟠龙正在大海中玩耍,嬉戏奇珠。绿色的波浪不停地翻滚,在奇礁怪石中诸龙盘旋,随波升降,空中漂浮着朵朵云彩,形状好似如意珍宝。

此时高墙旁边空无一人,群龙们一边舞动,一边玩耍,海浪中泛起许多白沫,哗哗地响着。这些身上长满鳞片、口有锯齿、头上长着尖角和长须的巨型神兽在海中张牙舞爪,时隐时现……珍珠则一会儿被推向空中,一会儿又落入海里。五颜六色的群龙在海浪和云彩之间上下翻腾。

玛鲁霞和小王怯生生地一步步走上前去。

"请原谅我们的打扰!"他们喃喃地说,声音小得不能再小了。

但奇怪的是,群龙竟然听见了这微弱的声音。

"有什么事?你们怎么如此惊慌失措,焦急不安?"群龙问道,"但愿不是被我们吓着了!"

"没有,没有……很抱歉,搅了你们的兴致!但是我们遇到了麻烦,除了你们,

谁也没法帮忙。"

"如果是生死攸关的问题,那我们可以提供帮助。"群龙齐声答道。其中一条龙伸出尖尖的爪子,不知从哪里闪电般地取出一块牌子,竖到高墙前面。只见上面写着:"尊敬的游客,因修缮工作,九龙壁暂时关闭。请大家谅解。谢谢各位!公园管理处。"

玛鲁霞首先清醒过来说:"小王,我们忘了说是来干什么的!"

两个孩子这才想起来，向九龙鞠了三个躬，而后讲述了来这里的原因。

九龙非常认真地听完两个孩子的话后说："你们是说，尊敬的龙王不小心用尾巴碰了一下白塔上的风铃，对吗？"

"是的，我们觉得就是这样。"孩子们回答。

九龙商量了一阵说："这是非常严重的过错，不过我们会尽量帮助自家的亲人。"

他们又不知道从哪儿拿出一个葫芦，递给孩子们，说道："这葫芦里有一种很名贵的草药可以救龙王的命。"

"谢谢！谢谢！"玛鲁霞和小王不停地向九龙致谢。

"等一下！这只是解决了问题的一半。你们还得去找一位收集晨露的神仙，请他用这种神奇的药粉和晨露为龙王制好药。过去的'天子'，也就是中国皇帝吃的药就是这么制成的。"

"我们在哪儿才能找到这位神仙呢？"玛鲁霞担心起来。

"你们现在必须马上前往五龙亭，有一条龙船在那里等着你们。你们坐着那条龙船前往琼华岛。到了那里之后，你们要是仔细寻找，就能在琼华岛的北坡上发现一座青铜雕像，那是一位手持托盘收集晨露的神仙。这可不是一件简单的事。一切都取决于你们想救龙王的愿望有多强烈。很多人在北京住了一辈子，也去过北海公园无数次，但却从不知道有这么一座雕像。"其中一条龙对孩子们说。

"那我们怎么才能做到呢？"小王询问道。

"俗话说：'功夫不负有心人！'"另一条龙嘱咐他说。

"一切都取决于你们自己！"九龙说完这句话，就各自回到原位了。

"谢谢！谢谢！"孩子们又一次道谢，毕恭毕敬地鞠了几个躬，然后向后退去，

"我们不会忘记你们和你们的帮助！"

"好好保管神奇的草药！"九龙最后嘱咐道。

孩子们一边点头一边继续往后退，直到背后响起了警觉的咝咝声。可不是嘛，他们差点儿踩到莉莉身上了。

"对不起，莉莉，我们太着急了！"

"怎么样啊？拿到药了吗？"莉莉问道。

16

铁影壁

"药是拿到了,但事情还没完呢。"玛鲁霞解释说,"我们还需要找到一个采集露水的神仙,求他制好药,才能救龙王。"

"我和我的姐妹们就住在北海的北岸,我可以负责任地告诉你,这儿没有采集露水的神仙。但我建议你们问问'铁影壁'上那两条善良的龙。"莉莉说。

"唉,莉莉,我们的时间很紧!我们担心龙王快不行了,他可能会随时离开我们。"小王说。

"那就更不要浪费宝贵的时间了,听我的,快跟我来!"莉莉嘶哑着嗓子说。

于是他们就向"铁影壁"出发了。玛鲁霞和小王尽力跟上他们的向导莉莉,周围有很多个旅游团，孩子们非常担心与莉莉走散。精明灵巧的莉莉领着他们抄最近的路，同时还抓紧时间向他俩讲述着两条龙的故事。

"相传很早以前，北京城里常刮大风，带来很多沙尘，弄得市民们都无法呼吸了。当时北京城里住着两条善良的龙，一条变成了老头儿，一条变成了老太婆。"

"这是真的吗？"小王感到很惊奇。

"当然是真的！"莉莉回答说，"龙公和龙婆决定看看这风是从哪里刮来的，到底是怎么回事。后来他们发现，原来是风婆婆和她的孙子云童搞的鬼，是他们向北京城吹风扬土。"

"他们为什么要这么做呢？"

"神仙也跟人一样，有好有坏，善良的神仙爱做好事，但做好事并不总是那么容易的！坏神仙就常做坏事，大概是因为没有能力做好事。所以，风婆婆和她的孙子想用沙尘掩埋北京城，但善良的龙公龙婆夺走了他们装沙土和黑云的口袋，向他们打了个喷嚏，喷出四股清水，制止了这两个坏家伙继续作恶。风婆婆见势不妙，抱起孙子就急忙逃跑，永远离开了北京。知恩图报的人们为了纪念龙公和龙婆的功勋，修筑了这座铁影壁……我们到了。""你们好，可敬的大龙！"莉莉对着龙公和龙婆说，"这是我的朋友——玛鲁霞和小王。"

玛鲁霞和小王赶紧鞠躬问好，"铁影壁"上的一对大龙亲切地向他们笑了笑。

"我们都听说，正是您二位很早之前拯救了北京城和城里的人们，让他们免受风沙之灾，那现在您二位能帮一下这两个孩子吗？"

"请问，这堵墙明明是石头制成的，为什么叫铁影壁呢？"玛鲁霞小心翼翼地问道。

"没错，是岩石制成的，但你们不觉得这岩石的色泽很像古代的铜铁吗？"铁影壁上的大龙回答道。

"我们很高兴认识你们两位,也很愿意多聊一会儿,但是不要浪费时间了:我们知道你们的朋友情况危急,必须尽快制好药来救他。莉莉,快带这两位小朋友去五龙亭,坐上龙舟回琼华岛。到达岛北面的斜坡之后,你们要是努力寻找,就肯定能找到**拿着托盘采集晨露的神仙**。找到他很不容易,但只要你们有救龙王的坚定信念,就一定会做到的!"

龙公龙婆把九条龙说过的话又跟莉莉和两个孩子说了一遍:

"很多人一辈子住在北京,也经常来北海公园游玩,却不知道这里有个**仙人承露台雕像**。如果你们能找到他,他绝不会推辞,因为他心地非常善良。好吧,祝你们顺利!一路平安!"

孩子们向龙公龙婆致谢后,就在莉莉的陪伴下去五龙亭旁边的码头坐龙舟去了。

"快点儿,快点儿上船,代我向姐姐问个好,一路顺利!"莉莉向他们告别说。

17

仙人制药，龙王得救

龙舟正在北海湖面上前行，琼华岛上的白塔就像一个巨大的白钟耸立在山顶上，岛上到处绿树成荫，透过那片绿色，远远地只能看到一些色彩缤纷、形状奇特的屋顶。

玛鲁霞和小王瞪着眼，使劲儿向前看，怎么也看不到仙人承露台，这可怎么办呢？

龙舟终于靠岸了。啊，简直太好了！他们看到咪咪和她的家人正在岸边等着他们呢。

"咪咪，全靠你了，我们要找在北面斜坡上采集晨露的一个神仙。"

"没错！但问题是他愿不愿意见你们。他如果谢绝的话，那我们也帮不了忙了。"

咪咪忧心忡忡地说，"但不管怎样，总要试试看。跟我来！"

于是，玛鲁霞和小王只好再次沿着陡峭的斜坡向上爬去。

"到了。那个高高地站在台座上举着托盘的人就是长生不老仙。看见了吗？"咪咪小声地说。

玛鲁霞和小王慢慢走近，毕恭毕敬地对长生不老仙说：

"打扰您了，尊敬的仙人，我们急需您的帮助……"

上面立刻传来一个声音，说：

"你们找我究竟有什么事啊？"

"我们从九龙那儿得到了能够救治龙王的药粉，但我们听说，只有您用晨露将药粉制成药水后，才能救龙王一命。"

"是的，的确是这样。"长生不老仙回答说，"但你们必须把装有药粉的葫芦递给我才行。"

小王和玛鲁霞先后试图爬上那个台座，可是都爬不上去，他俩感到非常绝望。

"龙王会怎么样呢？不能让他因为我们无能而死去！"

这时又出现了一个奇迹。底座上那条作为装饰图案的龙居然离开石座，帮助小王爬了上去。

小王上去后先向神仙问了好，然后把怀里的葫芦递给他。

"你们很幸运，今天采集的露水特别多，我可以马上制药救龙王。"

说罢，长生不老仙就开始动手制药了。他把托盘中的露水倒进葫芦里，使劲儿地摇动了片刻，最后，又小心翼翼地把葫芦递给了小王。

小王把葫芦放到怀中，慢慢地爬了下来，与玛鲁霞一起向长生不老仙和台座上的那条龙鞠了三个躬，感谢他们的帮助。

随后他们就跟着咪咪跑去找龙王了。

龙王还是一边喘着粗气，一边呻吟着，看上去情况非常不好。

孩子们首先给龙王洗干净了伤口，用咪咪带来的绷带包扎好，然后就把长生不老仙制好的药水给他喝了下去。

真是太神奇了！不一会儿，龙王就睁开了眼睛，气息也变得平稳了，他开口说道："朋友们，是你们救了我，我感到身体正在恢复，谢谢你们啦！"

"你开始好转了，太好了！其实，要不是你的九龙兄弟们，还有长生不老仙，和北海那些善良的猫咪帮助，我们是救不了你的。他们都向你表达问候，祝你尽快康复。"

"我要感谢你们每一个人，感谢救助我的所有人！现在你们又可以骑到我的背上来了。"

龙王飞上天空，在长生不老仙上空盘旋了一圈，以表感谢，长生不老仙也向龙王挥手喊道：

"一路平安！"

然后龙王飞到九龙壁上空，九龙们看到了他，高兴地向他摇尾致意。

"看到你安康如旧，非常高兴！"

"谢谢你们，兄弟们！"

"常来看看吧，龙王，再见！"

坐在龙王的背上，玛鲁霞向小王坦诚地说，以前她总以为龙是个像蛇妖一样的恶兽，认识了龙王和北海的诸龙以后，她过去的印象现在完全改变了。

龙王又在九龙壁上空盘旋了一圈后，继续向北京城北部方向飞去。

钟鼓楼

他们很快就来到什刹海上空,只见湖边有人在散步,有人在练功,还有人拿着乐器演奏……

"这里的景色真美呀!"玛鲁霞忍不住赞叹道。

"你说得没错,小姑娘,这里真是风景如画,北京人都愿意到这里来玩不是没有原因的。以前这里曾是王公贵族的府邸所在地,现在我们去看看吧。"

在他们眼前的是一座雄伟壮观的建筑。高大的砖砌城台上是木质结构的楼阁,有两层屋檐,屋脊末端向上翘起。龙王在上面慢慢盘旋,好让玛鲁霞和小王能仔仔细细看清楼阁墙柱上的花纹和华丽的装潢。

"在你们眼前的是北京最有名的古迹之一——鼓楼。"龙王介绍说。

"它为什么叫鼓楼呢？"

"很简单，在中国历史上有不少地方建造鼓楼和钟楼，为的是给城里的人们报时。"

"龙王，我可以敲一下鼓吗？"小王问道。

"要敲鼓就得进鼓楼里面，到上面一层去，鼓都在那里。"龙王回答说。

"龙王，让我和小王自己进鼓楼里面吧！"玛鲁霞请求说，"你就不要靠近了，以免再弄伤。请再念一下那个神奇的咒语，我们就会靠近鼓楼了。"

龙王小心翼翼地绕着鼓楼飞了一圈。

"谢谢你们的关心！我会注意安全的。那你们就自己爬到上面去吧，估算一下这鼓楼有多高。"

"耶，太棒了！"小王兴奋地喊了起来。

而玛鲁霞则想起她在威尼斯圣马可广场爬钟楼时花了很长很长时间，有点儿犹豫了，说：

"要不算了吧……"

"要爬要爬！"龙王和小王异口同声地说。

楼梯很陡，台阶又高，孩子们爬得有点儿费劲。但小王毫不气馁，坚持边爬边数数：

"1，2，3，4，5，6，7，8，9，10……"好像永远也数不完似的。

楼梯终于到头了，他俩不知不觉间爬到了顶层。在那里他们看到了巨大的水钟，一面巨大的鼓，还有很多小鼓，旁边居然还站着一个人——正是龙王！他又一次化作年高望重的老人，谁都不会想到他实际上是一条真龙！龙王是怎么进来的？这个问题和很多其他问题一样,将是个秘密。

"你们很幸运,上来的正是时候。"龙王的话音未落,旁边出现了一群穿着红色绸缎衣服的鼓手,他们开始敲鼓,敲完又在游客的掌声中迅速离开了。

"真不错!"小王赞叹说,"看到了吧,玛鲁霞,我们没有白爬这么陡的楼梯。"

"现在一般是每天上下午每隔半小时进行击鼓表演。"龙王给孩子们讲解说,"而过去,鼓楼的鼓声曾为北京市民报时,报得很准。现在我们顺着游廊看吧,如果我们向南边看……"

"……正好看见景山山顶的亭子。"玛鲁霞抢着说,"这说明我们刚好站在北京城的中轴线上。"

"完全正确!"龙王表扬说。

"咦,什么声音啊,龙王?听到了吗,一种怪怪的声音,像是又细又尖的口哨声!"

"你知道吗,世界上的每个大城市都有一些人喜欢养鸽子,喜欢欣赏鸽子的飞翔。北京的养鸽人有个传统,他们喜欢给鸽子绑上一个小小的竹哨。当成群的鸽子在空中飞来飞去时,就会发出这种独特的声音,让养鸽者和其他人一饱耳福。这些竹哨要做成不同的形状,发出不同的声调,鸽群就像是一个在空中奏乐的乐队一样。这是老北京的一个生活特点,现在,在这个老城区,就如你们看到的,哦不,是听到的,这一特点一直保留到了今天。"

"现在让我们继续沿着游廊向北边看,"龙王建议道,"你们又会看到一座雄伟的塔楼式建筑,也是座落在北京城的中轴线上,这就是钟楼。"

"可是龙王,它跟鼓楼一点儿也不像。"玛鲁霞说,"它是用灰砖建的,上面盖上绿色的瓦片,没有鼓楼漂亮。"

"好样的,玛鲁霞,你很善于观察。"龙王表扬说。

"那我呢?"小王有点儿难过了。

可是龙王装作没听见他的话。

"你们看,这个塔楼上挂着一口钟,关于这口钟还有一个传说,本地的老婆婆常要讲给孙子孙女们听。"

"龙王,也给我们讲讲吧!"孩子们恳求说。

"好吧,快到我的背上来,我把你们直接带到大钟边,在那里给你们讲讲这个故事。"

他们来到这口巨大的铜钟旁边,只见众多游客聚集在这里,人人都想要敲一下大钟,大钟不停地发出悦耳的"当——当——鞋——鞋"的声音。

伴随着这声音,龙王开始讲述关于大钟的传说了。

"故事是这样的,当北京成为中国的首都的时候,皇帝下令修建一座全国最大的钟楼并要为这个钟楼铸造一口大钟。过了一段时间,建筑工人们把钟楼建好了,工匠们也铸造了一口神奇的大钟。但皇帝还是不满意,他想要的是铜钟,不是铁钟,于是下令重新铸造,说是如果铸不出铜钟,就要杀掉所有工匠。领头的邓师傅和他的助手们不得不重新开工铸造。他们不分白天黑夜地努力干活,但事情进展并不顺利,眼看离皇帝指定的日期只剩一天了,铜钟还是没有铸好。这时,邓师傅最疼爱的女儿来了。因为他很长时间没有回过家,女儿非常想念父亲,就跑来看他。她发现父亲和助手们的表情不对头,就明白铸钟工作遇到了困难,并猜到第二天天一亮父亲和他的助手们就要被处斩。想到这里,邓师傅的女儿绝望之中纵身跳进了熔炉里。父亲急切地想拦住女儿,但却只抓住了她的一只绣花鞋。邓师傅悲痛欲绝,心情难以形容。奇怪的是,熔炉这时突然发生了变化,炉火升腾,铜水翻滚,工匠们很快就铸好了大钟,并按时挂到了钟楼上。从那以后,每到天黑,就能听见那口钟发出类似"鞋——鞋——鞋"的声音。哄孩子睡觉的老奶奶们听到钟声后就会说:'快睡吧,宝贝儿,铸钟娘娘生气了,她又在找她的绣花鞋啦。'

"我还清楚地记得,每晚7点都会传来108下击鼓声,接着就响起悠扬的钟声,这时候就该上床睡觉了。早上5点又来一次,先是108下鼓声,然后是悠扬的钟声,这时就该起床了。"

龙王刚一讲完,周围就响起了一阵掌声。小王和玛鲁霞像往常一样张着嘴倾听龙王讲故事,没注意到周围已站满了游客。等龙王讲完,游客们一个个都争着问龙

王什么时候再解说一次。

"谢谢,谢谢……我只是偶尔给孩子们讲讲……"说着,龙王赶紧带着玛鲁霞和小王离开了。

"好悲伤的故事啊!"玛鲁霞叹了口气说。

"这个故事告诉人们要向善,要爱自己的父母。在中国,广泛流传着关于二十四孝的故事,玛鲁霞,你要知道,传说工匠的女儿并没有死,而是成了仙,变成了铸钟娘娘。"龙王补充说,"你们看,站在这里看什刹海,多美啊……好了,到我背上来,抓紧了,我们继续旅行啦!"

玛鲁霞吓得闭上了眼睛,钟楼这么高,怎么还向上飞呢!小王恰恰相反,他睁大了眼睛向下看,一点儿也不怕,而且希望龙王飞得更高一些。

继续旅行

龙王继续给玛鲁霞和小王介绍北京的名胜古迹。

"我们现在正在飞越东直门内大街……"

"这么长的名字……"玛鲁霞觉得很奇怪。

"对中国人来说,一点儿也不长。这条街的名字说明了它的位置——在东直门里面。还记得吗?我给你们讲过:古代的北京城墙有 11 个门,北京人一听这街名就知道,这条街是位于城墙里面。如果是在城墙外面,那就不是'内',而是'外'了。这个城区还保存着不少胡同和四合院。"

"不少……什么?"玛鲁霞没有听明白。

"北京人把那些又窄又小的巷子叫作'胡同',巷子两旁都是传统的住房建筑,叫作'四合院'。"

"传统房屋是什么样的呢?"

"北京传统的房子一般都有庭院,四周有围墙。"

"像故宫那样吗?"孩子们又问道。

"没错,但院子有大有小,我们从高处会看得非常清楚。一般来说,来访者和客人只能进到第一个院落,主人走出来,在那里接待、宴请客人,同他们交谈。接待客人时,通往第二个院落的大门是关着的,里面是内室。有的院子四周有带顶棚的走廊,夏天可以避免暴晒,秋天免遭雨淋,冬天能挡雪。"

"那儿还有一间房子,是干什么用的?"

"那里住的是一家之主。在大户人家的四合院,除了有主庭院和正房外,还会有厢房,还有装饰着各种花草奇石的小型花园。"

"亲爱的龙王,咱们去四合院里面看看吧!"

"嗯,准备好了,抓紧点儿,我们要降落了。"

龙王和孩子们来到北京的一条小胡同里,旁边坐落着好几座四合院。

"龙王,我们很想到这种传统庭院里面去看看。"玛鲁霞和小王再次请求说。

"好吧,我们正好离我一个朋友的住处不远。"

孩子们紧跟在龙王身后,很快就来到一扇大门前,按了门铃,大门很快就开了。门口站着一个人,面带笑容,友好地说:"你好啊,龙王,欢迎光临!"

"你好,白大成,我带了两个小朋友来,他们很想看看传统的北京庭院。"

"好,我很乐意向你们介绍一下我们住的院子。首先要告诉你们,我从来没有住过现代的楼房,我家祖祖辈辈一直住平房,我也习惯了,住别的房子,简直是不能想象的。

"当然，我也去过朋友们住的带电梯的新楼房，但我更喜欢这样的平房。以前，我在西城住过，可惜那些老房子都被拆了，建了新的楼房。所以我和家人就搬到东城来了，东城也是北京城最美的一角。最重要的是，这里还保留着传统的庭院，有窄窄的胡同，有老房子，还有我习惯的生活节奏。我住的四合院虽然很小，但也有小院子和自己的小花园。"

"别让客人们站在门口啊，快进屋里吧。欢迎！欢迎！"白大成的妻子一边说着一边推开了里屋的门，请客人们到屋里就座，她端出茉莉花茶，拿来蜜饯、糖果、核桃和山楂馅饼热情招待大家。玛鲁霞和小王狼吞虎咽地吃个不停。

"白大成先生，请给我这两个小朋友展示一下你做的鬃人吧。"龙王请求他的朋友说。

"什么？什么？"小王差点儿噎住。

"请到隔壁房间来！"白大成的妻子邀请说。

进去之后，他们惊呆了：面前的桌子上摆放着一排小人，他们身穿华丽的戏装，脸上是复杂的脸谱。白大成拿起几个小人放到铜盘上，用小木棍轻轻敲打盘子的边缘，真神奇！只见那些小人就像活人一样，开始转圈，做各种动作，仿佛在演出一幕戏剧，让玛鲁霞和小王无比惊讶。

"这是怎么做到的？"孩子们异口同声地低声说。

"是这样的，这是一种北京的传统玩具，是我用不同的材料做成的，底座上有细细的鬃毛，斜着插在那里，所以小人们可以转动。"

"谢谢你，亲爱的朋友！"龙王郑重地向白先生表示感谢。

"随时欢迎你们来我家玩！"说着白大成送给玛鲁霞和小王一人一个小鬃人。孩子们还沉浸在刚才的惊讶之中，没有缓过来，只是低声地说了一句："谢谢您！"

出门之后，龙王感叹地说："看见了吗，这些四合院里蕴藏着不少神奇的事情！"

龙王继续创造奇迹

"咱们再转一会儿吧!"龙王提议说,说完便带着孩子们往鼓楼西南方向的什刹海飞去。

"你们仔细看一看,这是北京城里最优美的风景区之一。事实上,什刹海包括三个湖:前海、后海、积水潭。在元朝的时候,这里有码头和商贸区,沿着京杭大运河行驶的货船把大米、面粉等各种货物源源不断地送到这里。商贸区总是热热闹闹,搬运工人和小商小贩们来回穿梭着,跑来跑去,人群中能听到各地的方言。还有许多各式各样的小饭馆散发出诱人的香味,吸引着来到此地的客人。四处漂泊的杂耍艺人还会在这里展示自己的绝活儿。"

"现在码头和船只在哪儿呢?"小王惊讶地问。

"很遗憾,什刹海早就不是贸易港口了,在湖上游弋的不再是商船,而是游船。如今,你们在这里也可以乘坐游船在湖上转一圈。每到晚上,湖面上还会出现一些特别的小船,小船的船舱都是用网状的透花窗栅做成的,船夫手持船桨站在船头。"

"啊,就像是威尼斯!"玛鲁霞兴奋地叫了起来,"只是那里的小船船身更长一些,船头上翘。"

"你们看！人们在五颜六色的灯光下品尝着美味的菜肴和水果，喝着茶，听着姑娘们用古筝演奏出的优美乐曲。"

"啊，真美呀！就像是在童话里一样！"玛鲁霞赞叹道。

"夏天的时候整个湖面上都会开满荷花。"龙王继续介绍说。

"我们多想看看这样的景色啊！"玛鲁霞和小王感叹道。

"可以呀，对你们来说一切皆有可能！"龙王说完就喊了句，"一、二、三，梦想成真！好了，你们看：荷花的根部在水下淤泥里，茎部从大大的叶子中间生长出来，荷叶就像是一把把绿伞在水面上张开。接着就要长出花蕾了，嫩嫩的蓓蕾慢慢绽放，渐渐出现一层层粉色的花瓣，散发出淡淡的香气。"

最令人惊讶的是，龙王所介绍的一切竟然在他们眼前全都发生了！两个孩子完全惊呆了，简直不敢相信自己的眼睛。周围的人们也顿时改为夏天的打扮，手里挥着扇子，喝着汽水，吃着水果……

玛鲁霞和小王偶然发现了一个非常可爱的情景。一个跟他们差不多大的男孩，手里拿着一根小棍儿，站在那里一动不动。突然，一只蜻蜓落在了小棍儿上，男孩小心翼翼地捏住蜻蜓的翅膀，在它身上系上了一根细线，然后把它放了，让它飞翔。

"真有意思！就像是遛狗似的。"玛鲁霞感到很惊讶。

与此同时，玛鲁霞也注意到，很多人在打扑克牌，还有人在下象棋。

"呀，快看！有个人正在遛鸟呢！"

确实，一个男人带来两只鸟笼子，挂在树上，小鸟们正兴高采烈地放声啼鸣。

"哎哟，"玛鲁霞叫道，"那边的人正在做什么？好奇怪呀！"

"哦，这是一种中国传统保健操，叫太极拳。"龙王解释道，"你们看见了吗？

这种运动不是简单的下蹲弯腰，关键是这些平稳流畅的动作能够强身健体。"

"快看，那个爷爷把腿抬得那么高，就像是芭蕾舞演员一样！"玛鲁霞惊叹道。

"没错，正是因为打太极拳，他才能够活到这么大岁数，而且保持着年轻人的体格。"

他们沿着湖边行走，发现了很多有趣的事儿，一件接着一件。有的地方一大群人围着看耍猴，有的地方男男女女坐在凳子上拉二胡。突然，两个孩子听到了一种欢快的鸣叫声，一看，身边走过一个挑着扁担的人，扁担上挂着藤条编的小笼子。原来，这是一个卖蝈蝈儿的商贩！于是，很多人都跑到他身边来，开心地购买这种玩物。中国人家养的宠物，不仅有猫、狗、鸟、鱼，还有会鸣唱的蝈蝈儿。但是必须弄清楚，这种东西该如何喂养，喂多了是不行的，只要一小块西瓜或一小片树叶就足够了。

孩子们不知不觉地走到一座雅致的白石桥边，站在桥上可以看到西山的美景。

"啊，龙王，荷花都怎么啦？一个个都蔫儿了，只剩下长茎上的莲蓬，茎也都变黄了，叶子也干了！"孩子们惊讶地说。

龙王解释道："我不是答应给你们展示奇迹嘛！现在已经是秋天了，荷花凋谢了，就剩下莲蓬了，可是画家们都喜爱这个季节的荷花。还有一个惊喜，你们看，太阳马上就要落山了，夜幕慢慢降临……"

果然，孩子们看到小船上亮起了许许多多的灯，湖面传来美妙的乐曲声。龙王所说的奇迹还不止于此。一转眼，天又变亮了，白天又回来了。此时，孩子们眼前出现了另一个画面：湖水结成冰，变成了一个真正的滑冰场，上面有很多人在溜冰，也有人在滑雪橇……但是这幅冬季景象转瞬即逝，两个孩子还没来得及觉得冷，一切就都消失不见了。

最后,龙王让他们爬上自己的后背,又继续出发了。

"你们明白我为什么要让你们了解北京的这些地方吗?"龙王向他们询问道。

"也许是因为这些地方太漂亮,太不一般了!"玛鲁霞试着猜测。

"主要是因为在这些地方还保留着传统的平房和古建筑,除此之外……你们往这里看!"龙王指着一座漂亮的装饰性建筑,"这在中国被叫作牌楼。有牌楼,就表明这个地方有非常重要的建筑或是著名的历史景点。"

"那这里具体有什么呢?"孩子们迫不及待地问。

21

国子监和街上的牌楼

"龙王,龙王,我们现在知道,这条街上有一些很重要也很有意思的东西!"玛鲁霞和小王一起大声地喊叫,以至于路人都抬头去看他们。

"你们真棒!这条街确实很特别,不只是在北京,在全中国都很有名,国外也有很多人知道,这就是国子监街。街的东西两头都有色彩鲜明的单跨牌楼,仿佛在邀请各方来宾进来参观这条街上的孔庙和历史上有名的国家教育机构——国子监。"

"国子监,原来街名就是这么来的!"玛鲁霞大声地说。

"正是如此!"

龙王是在空中飞着的时候讲的这些话。突然,龙王降低飞行高度着陆了。

"龙王，我们为什么不继续飞了？"孩子们嚷嚷着问。

"我们没有这个权利，"龙王回答着，还指了指一块石碑，"看到了吗？那儿立着一块下马石，上面用汉、满、蒙、藏、维吾尔五种文字写着'官员人等至此下马'。也就是说，往前必须步行。现在我们去孔庙。孔庙是为纪念中国伟大的思想家、教育家孔子而建的。"

龙王领着玛鲁霞和小王来到孔子的雕像旁，庄重地向他们介绍：

"孔子生活在公元前6—前5世纪，是中国伟大的思想家、教育家。他创立的一整套严整的教育学说，以及关于家庭、社会、国家内部相互关系的学说，两千多年来一直是中国教育的基础。孔子主张个人利益要服从公共利益。直到今天，中国人都熟知孔子的名言，其中包含着许多对人生问题的解答。孔子认为，仁爱、智慧、公平是社会安宁、国家和谐的保证。后来，孔子的弟子们将其语录收编成一本书，题为《论语》，这本书是智慧的源泉。我随便摘选几句，你们听听：'学而不思则罔，思而不学则殆''君子求诸己，小人求诸人'。在中国古代，一般要把学校和孔庙建在一起……"

"……是因为学生应该学习圣人的智慧吗？"玛鲁霞猜测说。

"完全正确！"龙王回答道，"但是获得智慧需要经历一个艰难漫长的过程，知识不是一下子就能掌握的，必须勤奋学习才行。你知道俄语有多少个字母吗？"

"33个！"玛鲁霞脱口而出。

"而汉字却有几万个，要准确地记住、学会书写，需要下很大功夫才行。"

"我非常想学汉语！"玛鲁霞说。

"一切取决于你自己，看你的意愿有多大，你愿付出多少去学习……看，这里有一排石碑，叫进士题名碑，上面记录着数万名进士的姓名，要永远保存下去。"

"就像我们的成绩簿吧！"玛鲁霞说。

"就是要铭记那些走过漫长之路、勤奋学习的佼佼者。来到北京参加最后一关考试之前，他们都刻苦用功，通过了一级一级的考试。"龙王郑重地向孩子们讲解说，"现在我带你们去参观国子监学堂，在孔庙西侧，紧挨着孔庙。"

走到一个三跨式牌楼前，他们停了下来，龙王郑重地读了一遍中间拱洞上面的话："圜桥教泽"。

"要永远记住这些充满智慧的话！"龙王说。

接着，他们穿过拱洞来到一个大院子里，院子东西两边都是一层建筑物，中间有一个白色大理石平台，上面坐落着带有两层金色瓦顶的辟雍大殿。

"好漂亮的大殿啊！"玛鲁霞禁不住赞叹说。

"这可不是普通的房屋，这是皇帝讲学的地方。大殿里面有皇帝的宝座，上面镶着龙的图案。当年大殿外面聚集着很多学子，聆听皇帝讲学。"

"为什么大殿四周以池水环绕呢？"小王好奇地问，"这种水壕一般不都是用来阻止敌人的吗？"

"一听就知道，这是一个男子汉提出的问题！"龙王高兴地说，"小王，你说的很对，但这个水壕是有别的用途的。你们看，这个水壕上面架有四座桥，而且分别通向东、南、西、北四个方向，水是流动的，象征着皇帝的智慧之言会通达八方。"

"龙王，我还是不太明白，皇帝为什么要到这里来讲学呢？"玛鲁霞问。

"这个问题问得好！是这样的，这里不仅仅是一个学堂，还是一个培养朝廷官员的主要机构，要将儒家学派的智慧一代一代地传下去。"龙王站在那里，看着辟雍大殿沉思了很久。也许，他自己也曾在这里听过课吧。

22

玛鲁霞遇见兔爷

龙王和小王不慌不忙地往出口走去,玛鲁霞则抢先冲到外面了,发现街头远处有一个身影,很像兔子,个头却和人差不多高。

"这是兔子吗?他在那儿干什么?得走近一点看看。我就去一小会儿,马上就回来,"小姑娘暗自决定,"谁也不会发现我走开了。"

玛鲁霞忘记了身边的一切,撒腿跑向那个神秘的身影……是的,在一栋房子的台阶上确实站着一只兔子。他比人高一点,脸白白的,耳朵长长的,穿的衣服特别漂亮,就像是节日的盛装。他的背后插着各种颜色的小旗子,手里还拿着什么。

"您好!"玛鲁霞打招呼说,"很抱歉,我不知道您叫什么名字,我叫玛鲁霞!"

兔子笑容可掬，很有礼貌地说：

"难道你没有认出我是谁吗？所有的中国孩子可都知道我呢。"

"对不起，我今天刚从莫斯科来。"

"怪不得，我叫兔爷。"

他一边说着一边打开门，邀请玛鲁霞进去。玛鲁霞"哎呀"一声，发现自己意外进入了一个玩具店！店里摆的不是常见的现代玩具，而是一些童话故事中的玩偶：老虎、狮子、不倒翁、小马、猴子……简直数不胜数！

"你好！你好！"四周传来问候的声音。

"你们好！"小姑娘也问候大家。

"咱们的客人真的是从莫斯科来的吗？"大家纷纷问道。

"是的，是的，确实如此，"兔爷回答，"这个小妹妹都不知道什么是兔爷，我就把她请到这儿来给她讲讲我的故事。"

玩偶们争先恐后地让玛鲁霞坐在一张小桌子旁边，给她沏了一杯香气浓浓的茶。然后，兔爷就开始讲述了。

在中国，农历八月的第十五天是中秋节。这时候，田地里的庄稼已经收割完了，酷热和潮湿也已消退。这个季节民间形容为"金秋送爽"。

通常情况下，中秋节是在晚上庆祝的，全家人围坐在花园或庭院里，喝着香茶，闻着桂花的香气，欣赏着天上的圆月。桌子上摆满夏季的赠品：哈密瓜、西瓜、苹果、梨、坚果、瓜子……但最重要的节日食品是月饼。

"为什么叫月饼呢？是在月亮上烤的饼吗？"玛鲁霞惊讶地问道。

兔爷开心地笑了起来。

"不，是因为形状很像月亮。传说在很久很久以前，有一位非常漂亮的女子，

名叫嫦娥，原来是弓箭手后羿的妻子。有一天她偷吃了丈夫的长生不老药，受到惩罚，飘到月亮上去了，至今孤孤单单地住在广寒宫里，只有月兔与她为伴。所以，通常在中秋节的晚上，小孩子们都要跟父母一起仰望天上的月亮，聚精会神地观察月亮上斑斑点点的阴影，力图看清哪个是嫦娥，哪个是月兔。因此，中国民间艺人在中秋节前夕要做出月兔形象的玩具，爸爸妈妈们会给孩子们购买这些玩具，让他们记住这个故事。"

玛鲁霞听得津津有味，兔爷不断地给她添茶，又让她品尝香甜的月饼。讲完故事之后，兔爷告诉玛鲁霞，现在是玩具店的这所房子里住着一个著名的玩具制作大师，大家都叫他唐师傅。

"对，对，确实是这样。"四周传来七嘴八舌的声音，那些玩偶纷纷友好地冲着玛鲁霞点头。

就在这时，玛鲁霞仿佛一下子从童话中回到了现实世界，发现龙王和小王不在自己身边。

"我的朋友们呢？对不起，我得赶紧去找他们。我对你们所讲的故事非常感兴趣，仿佛进入了童话世界，完全忘掉了现在的一切。他们肯定正在到处找我，替我担心。谢谢您，兔爷！我得走了。"

"没事，没事，小妹妹！我们很高兴认识你，下次再来！"

玛鲁霞赶紧跟兔爷和玩偶们告别，跑出门外，又突然想起，自己忘记问兔爷，他手里拿的究竟是什么东西。于是她又跑回了玩具店，玩偶们再次见到她简直太高兴了！

"兔爷，我忘了问，您手里拿的是什么东西？"

"你很棒！这个问题很重要！我手里的是臼和杵，是用来制药的，做出来的神药可以治百病。"

"谢谢您！"

"别着急，小妹妹，请稍等一下。我想送给你一个小小的兔爷玩具做纪念，希望它能给你带来幸福、健康和快乐！现在，快去找你的朋友吧！"

玛鲁霞再次跟所有的玩偶挥手再见，跑到街上去了。

23 寻找朋友

大街上一个人也没有,玛鲁霞大声地喊着朋友们的名字,也没有人回应。时间在一点一点地过去,玛鲁霞紧张起来,一个人在这陌生的城市,人生地不熟,真叫人害怕,不知道该往哪儿去,怎样才能找到她的朋友,又怎么才能回家呢?

玛鲁霞垂头丧气,慢慢地向前走去,她来到一条宽阔的熙熙攘攘的大街上,还是没有看见龙王和小王。玛鲁霞绝望地哭了起来,虽然她知道,哭泣是没有用的,但眼泪还是不由自主地流下来。

突然间,有一个声音传来:"小姑娘,怎么啦?为什么哭啊?谁欺负你了?"

玛鲁霞抬头一看,只见一位阿姨站在她面前。

"没有人欺负我,是我自己走丢了,不知道怎样才能找到我的朋友。"

"我能帮你什么忙吗?你家住哪里?"老大娘问。

"我家住莫斯科……"

"哈,这里是北京啊,北京的住处在哪里?"

"还没入住呢,我今天刚到。"

"那我们先认识一下吧,你可以叫我范阿姨。"

"我叫玛鲁霞。"

"我有个表哥,姓龚,是三轮车夫,在北京蹬三轮拉客人,我叫他帮你找。"

说完，范阿姨就牵着玛鲁霞的手向前走去，到了街角，看见一辆三轮车旁站着一个男人，他上身穿着一件传统的中式立领衬衫，下身穿着一条粗布裤子，脚蹬一双黑布鞋。

"大哥，有这么一事儿，这个小姑娘叫玛鲁霞，她走丢了，找不到自己的朋友了。你对北京的大街小巷那么熟悉，相信只有你才能帮她找到。"

"呃，这事儿不太好办……让我想想……有了！我有办法帮这位小朋友了！走，出发！"

老龚用尽全力蹬着三轮车，载着玛鲁霞疾驶而去。

玛鲁霞已不再流泪了，内心也渐渐平静下来，她感觉自己已不再孤单无助，身旁的朋友肯定不会丢下她不管的。三轮车在前行，很多汽车、摩托车、自行车从他们身边驶过，还有很多行人走在路边，他们都好奇地看着独自坐在三轮车上、长着一头金发的小姑娘。玛鲁霞的忧郁心情一时消散，内心燃起了希望之光。她觉得老龚蹬得飞快，跑到很多汽车前面去了，但事实上是汽车司机主动给他们让路的。

"好了，咱们到了！"老龚说。

玛鲁霞从三轮车上跳了下来。

"该去哪儿呢？"小姑娘问。

"就是那儿，很近。这些天北京正在举办现代雕塑展，你马上就能看到很多展品。"

果然，就在几米远的地方，玛鲁霞看到了一个用花做成的大球，在花球的顶端站着一个小男孩，小男孩手里正拿着一个望远镜往远处看。

"小兄弟，请帮帮这个小妹妹吧，她从很远的地方来北京，找不到自己的朋友了。"老龚跟小男孩说。

"是的，请你帮个忙吧，我自己找了很久，到处找他们，可是没有找到……"

"没问题,我会尽力帮你的。"小男孩答应道,拿着望远镜向四处张望。

"小妹妹,你的朋友都是谁啊……"小男孩问道。

"是龙王和一个小男孩小王,他们是我最好的朋友。你看到他们了吗?"

"稍等,稍等,暂时还没看到。"

"那我完了。"玛鲁霞又哭了起来。

"别担心,小妹妹。我换上最高倍的望远镜试试,它能看到北京的五环外。"小男孩一边安慰着玛鲁霞,一边又仔细寻找起来,"等一下,好像镜头里闪过一条

龙的尾巴。北京现在高楼大厦太多了，阻挡了视线，很难一下子看清。嗯，现在可以肯定，我已经清楚地看到了龙王和那个男孩，他们正在着急地找你呢。龚叔叔，快点去鼓楼吧！那里肯定能找到她的朋友。"

"谢谢你，小哥哥！"玛鲁霞和老龚兴奋地向鼓楼疾驶而去。玛鲁霞正在想象着跟朋友见面、一起继续旅行……突然一阵刺耳的声音传来，三轮车"嘎吱"一声停了下来。

"龚叔叔，怎么啦？"

"出了严重故障，还没法儿马上修好。"

"那好吧，"玛鲁霞说，"那我接下来就自己走吧。谢谢您的帮助，龚叔叔！"

"那可不行，你一个人会迷路的。跟我来！"老龚拉起玛鲁霞的手，沿着一条狭长的胡同向前跑，沿途不停地有人向他打招呼：

"您好啊，老龚！"

老龚一边跑，一边回应着，脚步一刻不停。认识他的人都明白，如果老龚这个开心果都顾不上跟他们开个玩笑，那一定是有急事。玛鲁霞好不容易才跟上老龚的脚步，终于来到了钟楼和鼓楼之间的广场上。

"我们来晚了，他们已经离开了。"玛鲁霞难过得又流下了眼泪。

"玛鲁霞，不要哭，我有办法了。"说完，老龚走向一堆人力车夫，那些人纷纷跟他打招呼："你好，你好。"玛鲁霞再次感到，老龚的朋友非常多。一会儿，钟鼓楼的钟声和鼓声齐声响起。原来，老龚的哥们儿，也就是那些三轮车夫听说了玛鲁霞的事情，就赶紧转告导游朋友，导游们又告诉了来这里游玩的无数的游客。游客们都热心地帮助这个小姑娘，他们分别登上钟楼和鼓楼，敲响了巨钟大鼓，"咚咚咚、叮叮当"，声音非常大！玛鲁霞倾听着这种奇怪的演奏，把自己的悲伤和忧

虑完全抛在了脑后。周围居民从家里、店铺里跑出来，好奇地想知道发生了什么。他们知道钟鼓楼附近经常有各种节庆和文艺演出，每个人都生怕错过什么好玩的表演，否则，跟邻居们聊天的时候都不知道该说什么了。居民的期待得到了满足：天空中突然出现了一条大龙，背上还骑着一个小男孩！大龙在广场上方盘旋了一会儿就开始降落，人们惊叹不已地说："这样的演出还从来没见过呢！"

"小妹妹快看，你的朋友赶来找你了！"老龚努力压过人们的嘈杂声，大声地说。

"龙王，小王，我在这里！"玛鲁霞高兴地跳着、笑着，向自己的朋友招手。只见龙王快速地冲向地面，敏捷地抓起玛鲁霞，把她放到自己背上，随即向空中飞去。

"再见了，龚叔叔！"玛鲁霞向地面喊道，"谢谢您！我会永远记住您的！"

"再见，小妹妹！可不要再走丢了！如果你想找我，可以随便向任何一个三轮车夫打听一下，不管什么时候，我都一定会帮助你的！"老龚也大声回应着。

龙王摇着尾巴，向人们告别，地上的人们久久不愿散去，还在谈论着今天看到的演出有多么精彩。

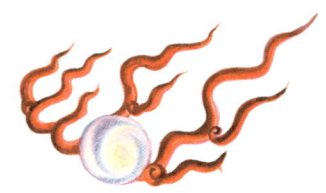

24

坐着有轨电车回到过去

"咱们现在去哪儿?"孩子们问龙王。

"去前门大街。北京有很多街道,有长的,有短的,有宽的,有窄的,但前门大街是人人都知道的一条街。"

"为什么呢?"玛鲁霞和小王异口同声地问道。

"首先,它在北京城中轴线上;其次,它是一条繁华的商业街,不久前改造成了步行街。"

"就像我们莫斯科的老阿尔巴特大街!"玛鲁霞说。

"快看,快看,街上还有有轨电车呢!"小王兴奋地喊起来,"龙王,您不是

说这是一条步行街吗？"

"我没有说错，这的确是一条步行街，不久前才允许老式有轨电车在这里行驶。其实这是一种游览设施，如果想体验一下，就可以买票坐一程。"

"亲爱的龙王，我们很想坐一下老式电车！太想坐了！别处哪儿也没有啊！"

"怎么能不坐呢？当然让你们坐了！"

龙王再一次化作童话中的老人形象：绸子上衣，深色裤子，脚上穿着一双老布鞋，上衣还绣着几条在云中嬉戏的大龙。

他们一起上了电车，坐到木质的座椅上，电车司机发出信号后，电车启动了。

玛鲁霞和小王向街道两边望去，这里的新奇景物太多太多了。

可龙王不知为何露出忧郁的表情，似乎心事重重。

"龙王，你怎么啦？"

"我想起这条街以前的样子：到处都是平房店铺……瞧，就在这个地方，以前是卖甜点的，那边是卖馒头的，再往前，曾经有一个景德镇瓷器专卖店。我们刚刚经过的地方，曾经是个戏剧用品商店，我还记忆犹新。记得在光线昏暗的屋子里，架子上摆满了五颜六色的装饰品，有高高的皇冠，有官戴的乌纱帽；衣架上挂着各种颜色的绸缎戏服，真是琳琅满目。不远处还有一家不大的清真饭馆，我特别喜欢吃他家做的北京油面。对面就是全城有名的'功德林'素食馆。"

"什么馆？"小王问道。

"素食馆。"

"我知道，就是给那些不吃肉的人开的。"玛鲁霞解释说。

"对。但这家饭店的厨师手艺非常高……他们用蔬菜和豆制品做出的菜肴，吃起来跟鱼肉的味道没什么两样。"

"但是经过改造后,这条大街现在变得更漂亮了。"小王提出自己的看法。

"漂亮是漂亮了,可是也少了一些很重要的东西,比如,那些老式的房屋、人力车、骑自行车的人群,还有老式汽车,都不见了。的确,生活不断地向前,各个城市也在发生日新月异的变化,就连北京这样的古都也不例外。"

"这有什么不好吗?"

"不是不好,只是一些东西一去不复返了。怎么跟你们说呢?这就像童年一样,过去之后,留下的只有美好的回忆,在艰辛困难的时候这种回忆还能温暖人心。"

随着一阵刺耳的刹车声,电车停了下来。

25

五味俱全的大栅栏

大家伙儿下了车,走近大栅栏。

"这条街的名字叫大栅栏,因为过去这条街两头设立栅栏,一到晚上,就要关闭起来,防止商铺遭到抢劫盗窃。"龙王解释道。

"那现在呢?"

"现在当然不是那样了。只有在这条街的街头处还保留着一座铁质的拱门,上面写着'大栅栏',以此来纪念过去。这条街上有很多店铺,咱们待会儿再去。现在我先带你们去看看另一条小街,叫作'粮食店街',意思就是有很多粮食店的街道。我们先去参观一家很有名的店铺,叫'六必居',那里卖的是各种咸菜和酱菜,它们是北京人餐桌上必不可少的调味品。"

"是的,这种香味太诱人了!"玛鲁霞说。

"请进!请进!"

玛鲁霞和小王面前的货架上摆着很多瓷碗瓷罐,里面装着各种各样的咸菜和酱菜,都是用特殊配方制成的。

"小朋友们,发现了没有,味道也可以成为名胜,特别是在这条街道。难怪来这里的不仅有北京人,还有很多外地的顾客,他们都是慕名而来的。好了,我们继续往前走吧。"

他们从六必居出来,走到大栅栏街。这里真是人山人海,人们悠闲自在地漫步,欣赏着两边琳琅满目的橱窗。路边的很多店铺都敞开大门,迎接顾客。

走着走着,小王咳嗽起来了,龙王非常担心:要是生了病,可怎么继续旅行呀!

"小王,我们得快点去看医生!"

"龙王,不能浪费时间,而且我们也不知道附近有什么医院。"小王带着哭腔说。

"不用乘车,也不需飞行,"龙王果断地说,"这条街上就能找到医生。"说罢,他大手一挥,带着两个孩子进入了一家著名的老字号药店"同仁堂"。

一进门,他们仿佛潜入了一个充满陌生气味的世界,小王又开始咳嗽了。

"小朋友,到我这里来!"一位穿着白大褂的老人招呼小王说。

小王没有办法,只好走近那位坐在桌旁的白发苍苍的老大夫。

"快点脱掉外衣!"玛鲁霞催促他说,"医生得给你听诊一下。"

"别着急,孩子,不需要脱衣服,我是一位中医大夫嘛。坐下来放松,把手伸给我,我给你把把脉,看看得了什么病。"

小王乖乖地照医生的话做了。老大夫把手指放在小王的手腕上,全神贯注地静诊了几分钟。

"好，让我看一下你的舌头……没什么大碍，你这咳嗽只是气候变化的一种反应。我给你开一点药吃，别怕，这药不苦。"

医生拿出一颗表面裹着一层蜡的小塑料球，把小球掰成两半，取出里面的药丸递给小王。

"别害怕，这药放在小球里是为了更好地保存。嚼一嚼，再咽下去，立刻就会觉得好多了。祝你尽快好起来，小朋友！"

小王小心翼翼地接过药来，咬了一小口，然后嚼起来。他一下子喜欢上了这药丸的味道。

龙王向老大夫致谢，老人家笑着说：

"尊敬的龙王，咱们是老朋友了。如果有事需要帮助，就尽管来找我。"

这个时候，玛鲁霞正四处张望，仔细地琢磨着。这个药店简直应有尽有啊！空气中的香气又十分奇妙！这就是中药的味道。

"看来，你对我们这里很感兴趣！"大夫说道，"这是一家老字号药店，我们努力传承历史传统，保存古代的药方。旧时的中国，人们相信各行各业都有自己的保护神，我们这一行也是如此，医药的保护神就是药王。"

老大夫带着孩子们来到二楼，那里有一个专门的区域为来客按方配药。柜台后面站着一个穿白大褂的药剂师，台上放着一杆很小的铜秤和一个带着杵的臼。药剂师后面有一个很大的药柜，柜子由许许多多的小抽屉组成，每一个抽屉上都写着汉字，标明里面放着什么药。

"这是药房，这里的工作人员负责根据医生开的药方配药。刘先生，"这时老大夫转向那个穿着白大褂、站在柜台后面的药剂师说，"请您给客人们展示一下你们是怎样工作的。"

"非常荣幸！你们看，有一位病人拿来石大夫开的药方，我仔细看了一遍，现在就开始配药了。"

姓刘的药剂师一个接一个打开药柜的小抽屉，从里面抓出一撮又一撮干巴巴的药草、叶片，有果实状的、根状的，也有籽状的草药。药剂师用那杆小铜秤把干草

药一样一样地称了一遍,有的还放到臼里用杵磨碎,然后分装到一些小纸袋子里。

"这些配好的草药必须放在特制的药锅里熬制,煎完再用这种滤网过滤一下。"

他拿起一个小小的滤网给孩子们看,这个滤网是用细铁丝编成的,还安装了一个竹制的手柄。

"要配制中药,需要掌握不少学问和技巧。"刘药剂师告诉他们。

"谢谢您,可敬的医生!"龙王边说边鞠了个躬。

"老朋友之间不必客气!"老大夫回答道,"祝你们游览快乐!我想送给孩子们几块糖尝尝。这种糖他们肯定没吃过。我这种糖不光好吃,还对身体有好处。"

说完这些话,他就递给玛鲁霞和小王一小袋糖果,并说:"这是用山楂做的,对身体很有好处。"

"真神奇!谢谢!"

跟老大夫告别之后,龙王带领孩子们继续沿着大栅栏向前走。

"我觉得,这里每个店铺都有自己与众不同的气味。"玛鲁霞说,"刚才就突然飘来一阵花香,很清爽,好像是春天的味道……"

"你说得没错,小姑娘,"龙王说,"这是中国茶叶特有的香气,是从这里的一家很有名的茶叶店里飘出来的。"

孩子们跟着龙王走进那家茶叶店。看到货架上摆放着的各式各样装满茶叶的金属罐子和玻璃罐子时,他们禁不住为眼前的景象惊叹不已。

"我不说,你们也肯定知道,中国是茶叶之乡。但你们了解茶叶是怎么做出来的吗?"龙王问道。

"很简单,就是要放在茶壶或茶碗里,用开水沏。"玛鲁霞不假思索地抢着说。

"你说得没错,但我问的是茶叶是怎么生长的,如何从一片片树叶制成不同品种，比如红茶、绿茶、白茶、花茶，等等。"

这时一位售货员走到他们身边说：

"龙王亲自光临本店，我们非常荣幸！请坐吧，朋友们。我听到了你们刚才的谈话，就让我给你们讲一讲茶叶的故事吧。"

"好，这对我的年轻朋友来说是非常有益的。"

"茶叶的作用是四千多年前被发现的，最开始是用它来做药，古人称之为'瑞草'，即吉祥之草，或'灵草'，即有神效的草。后来，茶叶作为一种饮品逐渐进入了中国人的生活。最早要把茶叶研磨成粉，用开水煮熟，然后倒入茶杯中。唐代陆羽所著的《茶经》描述了多种不同的烹茶方法，并制定了茶道技术的标准。陆羽强调，最好的茶是嫩茶，是还未完全张开的茶树叶。你们想一想，这些散发着浓浓香气的神奇茶叶是从哪儿来的呢？"

"我们不知道……"

"茶树是一种常青植物，多为灌木，通常生长在山坡上。新生出来的枝叶最嫩，是最珍贵的。你们看，这家茶叶店里有很多不同的品种。茶叶分为好多类，包括红茶、绿茶、白茶、黄茶，等等。"

"是因为茶树上会长出不同颜色的叶子吗？"玛鲁霞问。

"不，只是听上去觉得是颜色不同的品种，其实都是由绿色的茶叶制成的。种类不同是因为制作的工艺流程不同，最后才会变成各不相同的颜色。制作绿茶时要经过采摘、杀青、揉捻、烘干四个步骤。制作白茶时干燥的环节非常重要。而黄茶属于轻发酵茶类。如果你们要买茶的话，要记住，新采摘的茶才是最好的。但也有例外，比如普洱茶，中国人认为普洱茶采摘后放几年再喝口味会更好，对身体也更有益处。你们知道吗，茶有消除疲惫的神奇功能，在寒冬能生热，在盛夏能解暑。

有一句俗话说:'新茶一杯,精神百倍。'还有中国的茶道,那可是真正的艺术,很多诗歌、音乐和文学作品都对茶道有过描写。关于茶的故事可以讲很久很久。来,现在咱们先喝一杯茶吧,否则就凉了。"

小王和玛鲁霞一小口一小口地品尝着香气四溢的茶,开心极了。

"我看到那边的桌子上摆着一个穿着古代服装的人像。那是谁呀?"玛鲁霞问道。

"那是陆羽,自古以来他就被尊称为茶圣。"售货员回答。

"讲得很有趣,谢谢您的介绍!现在我们该走了。"龙王说。

26

玛鲁霞又走丢了,结果……

小王突然发现刚才还在身边的玛鲁霞又不见了,他非常着急,根据往常的经验,他知道玛鲁霞会出乎意料地消失,而且要找到她不是件容易的事。

"玛鲁霞,你在哪里?小玛!"他到处喊着玛鲁霞的名字。

周围全是人,小王的声音被淹没在人群的嘈杂声中。这一点儿也不奇怪,要知道,大栅栏可是北京最热闹的街道之一,人们来这里,就是为了悠闲地散散步,逛逛有着悠久历史的老字号商店。

"龙王,龙王,我们可能又把玛鲁霞给弄丢了!"

"不要慌张,这是最要紧的!"只见这位身穿绣着龙形图案衣服的老人表现出令人不可思议的灵活，快速穿过人群，还紧紧拉着小王。动作之快，与他的年龄极不相称。

这次他们倒是很快就找到了玛鲁霞，小姑娘看起来非常沮丧。

"出什么事了？"龙王和小王异口同声地问。

"你们看，我的鞋底断了，我自己想修一下，可是一会儿就看不见你们了。"

"不要难过，这事儿很容易解决。幸亏鞋子恰好是在这里坏的，附近不远处就有一家真正的'鞋宫'！"龙王说。

"可是我怎么走过去呢？"玛鲁霞指着自己的鞋子说。

龙王用手比画了一个圆，手里立刻就出现了一根绳子。

"接住，"他把绳子递给玛鲁霞说，"系住鞋底，跟上我的步子，不要落下！"

玛鲁霞乖乖地照做了。

"好，我们到了。"

他们来到了一座漂亮的建筑前：红色柱子、雕花装饰、金色屋顶——就像真正的宫殿一样！橱窗里许多白底黑帮的布鞋引人注目，门口上面挂着一块黑漆木匾，上面题着几个金色大字。

"内——联——升！"龙王郑重地读着牌匾上这三个大字，然后说，"欢迎光临鞋的王国！首先我想给你们讲一下这家店铺，它已经有很多年的历史了，虽然我还清晰地记得开店的那一天，好像就是昨天的事。"

"龙王，我有点不明白，你明明说这店很早之前就开始营业了，为什么又说就像在昨天呢？"小王觉得难以理解。

"人类和龙族的记忆就是这样的，有时候很久远的事情感觉就像刚刚发生的一样……我认识这家店铺的创始人，他叫赵廷，商店的名字也是他起的，生意红火的秘密也正在这个名字里。"

"为什么呢?"孩子们很好奇。

"起一个好名字是事业成功的保证!"龙王教导说,"说到'内联升'这个名字……"

"这个名字有什么特别吗?"

"你们自己猜猜吧,"龙王笑着鼓励他们说,"至少能猜到一点……"

"内,就是内部的意思!"小王马上说道。

"对!'联升'呢,就是指仕途顺利、连连高升。赵廷创业之初就设想,这里的鞋子应主要卖给大内宫廷的皇室成员、高级官员和军人。北京有句老话说:'出门在外,没双好鞋那可不成。脚底有了劲儿,脸面才有光。'"

"也就是说,这个店铺的字号告诉顾客:穿上'内联升',定会步步高升!赵廷好狡猾啊!"

"那可不!这个品牌已经创办这么多年了,生意还是非常红火。"

"内联升的鞋子有什么特殊之处吗?"

"要弄清楚这个问题,咱们得到里面去看看。"

小王快步跟上龙王,玛鲁霞也一瘸一拐地跟着走。进入大厅前,他们在一个制作布鞋的鞋匠旁边停下了。一看到龙王,那鞋匠就满脸笑容地打起了招呼:

"您好啊,尊敬的龙王!我看到您还带着两位小朋友来了。"

"您好，谢先生，您说得没错！恳请您给我们介绍并展示一下，这种著名品牌的鞋子是怎么制作的！"

"很乐意，请坐好。"鞋匠马上开口介绍起来，"除了常见的皮鞋之外，在我们这家店还可以买到纯布料做的传统布鞋。"

"用布料也能做鞋底啊？"玛鲁霞好奇地问。

"我给你们展示一下。"

说着，鞋匠就拿起用多层布料粘合而成的"千层底"，再用锥子和针线开始纳底子，一穿一拉，灵巧快速，弄得玛鲁霞和小王眼花缭乱。

"太厉害了！"小王禁不住赞叹，"我能试试吗？"

"当然可以。"鞋匠把针线、锥子和尚未纳好的鞋底递给小王。

小王试了几次，都没能把针线穿过鞋底。他沮丧地叹了口气。

"别灰心，小王，我也不是一下子就掌握这个技术的，而是花了不少时间，下了功夫才学会的。以后你常来，我会尽力教你。"

"尊敬的谢先生，"龙王说，"我们这个小朋友玛鲁霞碰到了一点麻烦，她的鞋底断了，没法继续走路了。"

"这算不上什么麻烦，咱们这儿不是真正的鞋子王国嘛。你们去售货大厅看看，我会帮这位小客人选一双舒服又实用的鞋子，让她可以继续旅行。"

他们一起走进售货大厅，只见一排排的货架上摆满了各种款式的布鞋，有拖鞋、靴子、凉鞋、便鞋……

"怎么样，小姑娘，选一双吧？"谢先生建议说。

"天哪，我都看花眼了！"玛鲁霞不知所措。

"我帮你选吧！"

他们来到一个柜台前,谢先生让售货员拿出一双白底黑布鞋,上面还绣着在牡丹花中翩翩起舞的蝴蝶。玛鲁霞赶快试穿了一下,兴奋地叫道:

"真是又轻便又舒服!"

正要脱下来的时候,谢先生说:

"这是我们店送给你的礼物。"

"哎呀,谢谢!太感谢了!"

"不用谢。我再让你们看一双特别的鞋子。"

他熟练地取出一双特别柔软的小鞋子,鞋尖儿上绣着一个老虎头,老虎瞪着大眼睛,还有毛茸茸的胡须和锋利的牙齿。

"这种鞋子是给小娃娃穿的,有个特别的名字,叫'老虎鞋'。中国人有个传统,喜欢在婴幼儿的鞋子、帽子和手套上绣上老虎图案,认为这样可以避灾驱邪。"

"这是一双魔鞋吗?"玛鲁霞问道。

"有没有魔法不知道,但鞋匠确实在这双鞋子上倾注了自己的爱和心血,展示了高超的技艺。你们看,我们这个品牌的鞋子种类和款式是多么的丰富!2006年'内联升'得到了'中国布鞋第一家'的称号,我们为此感到非常自豪,将倾力做出中国最好的布鞋!玛鲁霞,穿上我们的鞋,你一定会旅途顺利,看到我们首都的所有名胜古迹!"

"谢谢!"小姑娘再一次由衷地向谢先生表示感谢。

"好吧,该说再见了,"龙王说,"我们没有太多时间逗留,我还想让你们尽量多看看北京,多了解北京。"

"小王,虽然你的鞋子没坏,但我也不能让我们的小兄弟空着手走!"

说着,谢先生也送给了小王一双精美的布鞋。

27

魔法剪刀

他们三人又回到了著名的大栅栏街,在喧哗的人群中走动着。

"朋友们,这里又有一家老字号商店,这是一家……"

"我看到了,我看到了,"玛鲁霞大声说,"这家店是卖刀和剪子的!"

"没错!"龙王肯定地说。

"看,橱窗里那把剪刀真大啊!"小王禁不住赞叹说。

"欢迎光临,各位贵宾!"售货员一边开门欢迎,一边说,"尊敬的龙王,您可好久没有来我们这儿了!"

"我外出了一段时间,今天带这两个小朋友来看看你们这家名店!"

"哎哟，尊敬的龙王，听到您如此高的评价真是太高兴了！请进，请进。小朋友，你们知道吗，剪刀是有不同的尺寸和作用的。比如，这把小剪刀是用来剪断丝线的，而这把大剪刀是裁缝用来裁布的。"

"哦，哦，好奇怪的剪刀啊！"玛鲁霞感叹道。

"这种剪刀你们以前肯定没见过，这是用来剥瓜子的。"

"剥——瓜——子？"小王拉长声音表示不可思议，"瓜子可以用牙嗑嘛……"

"当然可以用牙去嗑，但这会损伤牙齿的！"说着，售货员拿起一把剪刀，很轻松地就把瓜子剥开了，并且说，"请你们尝尝！"

接着售货员走到下一个橱窗,给他们展示折叠剪。这种剪刀可以放到口袋里,不会划伤自己,而且它体积很小,不占地方。

"这里还有一种剪刀,可以称作魔法剪刀。"

"为什么呢?"孩子们非常好奇。

"因为民间艺人正是用这种剪刀来剪纸的。"

"什么剪纸?"小王和玛鲁霞又异口同声地问道。

这时候龙王突然开始催促他们了:

"咱们该走了,谢谢您精彩的讲解!"

那就只好如此了,龙王向来说一不二。孩子们也明白,时间很少,而且还要尽量多看几个地方,但他们还是鼓起勇气问龙王:

"龙王,剪纸是怎么回事啊?"

龙王的回答很简单:"到时候自然会告诉你们。"

说罢,龙王迈开大步向前走去,玛鲁霞和小王也赶紧跟售货员告别,追上龙王。

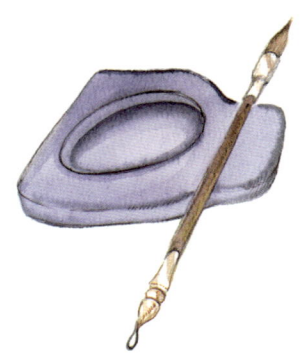

28

艺术街区——琉璃厂

仨人沿着狭窄的街道往前走,两边是灰色的石墙,把他们夹在中间。

"这就是我们北京的传统四合院,走在街上只能看到院子的大门,大门的样子就能告诉我们里面是什么状况。看到有雕花的华丽大门、有石刻的院墙,就知道里面准住着富豪显贵。就像这一户。"龙王指着一扇朱红色大门说,"好了,我们已经来到北京著名的琉璃厂大街了。"

"这名字真好听,很有诗意,"玛鲁霞拉长声调又重复了一遍,"琉——璃——厂!"

"这条街也很有历史。很久以前,这里开设了一个窑厂,专门烧制琉璃瓦。"

"烧制什么?"小王问。

"我给你们讲讲,是这样的,中国传统的屋顶要铺上……"

"琉璃瓦片!"玛鲁霞大声地说,"就像我们在故宫看到的那种。"

"完全正确。这种琉璃瓦既好看,又能保护房屋和住户免受恶劣天气的影响。"

"还能根据瓦顶的颜色看出房子是属于什么人的。"小王做出很懂行的样子说。

"所以说啊,街名本身就蕴含了它的历史,"龙王接着说,"'琉璃'指的是瓦片,'厂'就是窑厂。"

"意思就是'瓦窑厂'。"小王给玛鲁霞翻译了一下。

"没错!明朝的时候,北京城开始大兴土木,琉璃瓦的生产也随之不断扩大。"

"是呀,北京城现在有那么多的古建筑!"孩子们应和说。

"那个窑厂呢,现在在哪里呢?"玛鲁霞问道。

"早就没有了,但是这个街名让人们永远记住了它。"

"然后呢?"

"渐渐地这里的街区变得商铺林立,多数是卖'文房四宝'的。"

"为什么是四宝,而不是五宝或六宝?"小王问道,"究竟是什么宝呢?金子、钻石?"说到这里小王的眼睛都亮了。

龙王听了大声地笑起来。

"小王啊小王,你猜错了!文房四宝是文人书房里用的四样宝贝。到了明朝末年,琉璃瓦厂被拆除(我当时亲眼看见),这里就渐渐出现了很多商店,有古董店、旧书店,等等。这条街也就成为了文人,包括进京赶考的年轻人经常光顾的地方。"

"哦,这真是一条特别的街道!"玛鲁霞说,"这些商店门匾上写的字真漂亮!"

龙王发现孩子们能欣赏书法之美,心里很高兴。

"听好了，我读一下商店的名字：'宝古斋''萃文阁''宝云堂'……我们现在到'荣宝斋'了。"

"我先来，我先来，我要第一个找到宝物！"小王说着就冲进了店铺。

龙王刚一进店铺，就有一位先生走过来说：

"请进，请进，尊敬的龙王，您能光临真是我们的荣幸！"

他俩还在寒暄客套的时候，小王已绕着大厅跑了一圈，失望地说：

"哪里有什么四宝啊？我连一样都没有发现！"

龙王意味深长地看了一眼小王，再转向自己的那位朋友，请他原谅小王的失礼，因为小王和玛鲁霞从很遥远的地方来，不了解中国古老的传统文化。

龙王的朋友听了之后说："哎呀，小朋友，我很高兴龙王带你们来这里！我姓邵，一辈子都在研究中国的国画和书法。我们店里不仅可以买到各种艺术品，也在销售艺术创作所必需的用料和工具。"

"那文房四宝呢？"小王还是不能安静下来，"究竟在哪儿呢？"

邵先生对小王笑了笑，心平气和地说：

"小朋友，先看看这些画，其中很多都是著名画家的大作，真正称得上是宝贝。创作艺术品就要用到文房四宝，那就是笔、墨、纸、砚。"

"现在你明白什么是文房四宝了吧？"

小王听后点了点头，说：

"开始我还以为文房四宝是金银珠宝呢，现在就知道了，艺术家用笔、墨、纸、砚可以创作出真正的无价之宝。"

"你说得非常对！我觉得这位小姑娘好像也有问题想问，是吗？"

"是的，我想问问您……您能给我们演示一下文房四宝怎么用吗？"

"好,没问题!"

只见邵先生拿起毛笔,蘸了一下墨,落笔到纸上,一气呵成,瞬间画出了一条腾飞的龙。画完后他又题字送给龙王,盖上自己的印章,恭恭敬敬地把画作送到龙王手里,并且说:

"这幅拙作送给您,以表我最深的敬意。"

龙王收下礼物后,向邵先生表示感谢,并礼貌地向他告辞……

仨人又回到了琉璃厂大街。

"龙王,这里有趣的东西到处都是,就是见不到剪纸啊!"孩子们说。

"要有耐心,要有耐心,我亲爱的朋友们,咱们快到了。"这位不同寻常的导

游说着推开了一家小店铺的门。玛鲁霞和小王禁不住"哇"的一声：只见这间不大的屋子里四面墙壁和窗户上满是各种颜色的神奇图案！有各种花卉、蝴蝶、威猛的雄狮、奇异的亭阁……让人目不暇接！房间里面坐着一位阿姨正在动手剪着什么。

"看，你们看，这就是那种魔法剪刀！"小王大声地说。

那位阿姨手中确实拿着他们此前在商店看到的那种剪刀，她正灵活而快速地剪着各种美妙的图形，就像是在画画一样。看来，她想要剪的花纹和图形早已成竹在胸。听到有人进来，阿姨停下手中的活儿，抬头看了看他们，便面带微笑地把剪刀和纸张递给玛鲁霞，似乎要让小姑娘也剪一下试试。

玛鲁霞小心翼翼地开始动剪刀，但很快就发现自己什么也剪不出来。

"没事儿，没事儿，再来一次。"那位阿姨鼓励玛鲁霞说。

"席师傅建议你再试一次。"龙王在一旁解释说。

席阿姨又拿起剪刀，慢慢地剪起来，剪几下就停下来，等着玛鲁霞跟着她也剪出同样的形状。玛鲁霞认真地学着席师傅的动作，不一会儿，奇迹出现了：她居然剪出了一只美丽的蝴蝶！

"这真的是我自己剪的吗？"玛鲁霞不敢相信自己的眼睛。

"真的，真的是你自己剪的！"席师傅笑着告诉她。

"但我还是不敢相信！"

"没错，确实是你自己剪的，我从头看到尾！"小王也来证实。

"这真是一把有魔法的剪刀！"玛鲁霞高兴地说。

"也许不是剪刀有什么魔法，"龙王说，"我认为，最重要的是艺人们拥有高超的技艺和勤劳的双手，还有独特的眼光。"

"这种艺术在中国称为'剪纸'，旧时，普通家庭的窗户都是用油纸糊的，上面再贴上剪纸。家家户户的窗户用五颜六色的精美窗花装饰起来,真的像开了花一样!"席师傅给孩子们解释说。

"好了,我们得走了,你们谢谢席师傅,跟她说再见吧,我们要再次出发了!"龙王说。

玛鲁霞衷心地感谢席阿姨给自己上了一次真正的魔法课。席阿姨还送了自己的剪纸给玛鲁霞和小王作为礼物。

"谢谢您,谢谢您,再见!"

29

与犼相遇

"龙王,你经常说起天坛,那天坛到底在哪里呢?能带我们去看看吗?"玛鲁霞说。

"没问题,"龙王的回答非常干脆,"一、二、三,梦想成真!"他又恢复了龙的模样说:"上来坐好!"

瞬间他们就来到了天安门广场。

"龙王,我们不是请你带我们去天坛吗?……"

"知道,我会带你们去的。先让你们看看,天安门城楼前面有两根约十米高的柱子,中文叫'华表'。我要尽量飞近一些,方便你们看得更清楚。"

"哇,我看到了,"小王喊起来,"柱子表面全是龙形浮雕!"

尽管广场上人声鼎沸,孩子们这时还是清楚地听到一个声音说:

"您好,龙王,今天您已经来天安门广场好几次了,怎么一次都没跟我们打招呼啊。"

"哎哟,还真是,"龙王回答说,"很抱歉,我太着急了,急着领我们这两个小朋友看看北京古城。"

"不好意思,打断你们一下,我有一个很着急的问题:坐在柱子顶端的是谁啊?"玛鲁霞问道。

"那我就自我介绍一下吧,我是传说中的神兽犼。北京人都知道我们几只犼为什么会安坐在城楼前后。"

"尊敬的犼先生,请给我们讲

讲是怎么回事吧！"

"如果你们确实感兴趣，我很乐意给你们讲讲北京流传的一个神话故事：端坐在天安门城楼前面的两只犼有一个重要任务，那就是要注视着皇宫外面，如果皇帝出宫久久不回来，我们就呼唤他快点回宫来处理国家大事。所以老百姓们管我们俩叫作'望帝归'。现在你们再去城楼后面看看吧，在那里你们将知道后面的故事。"

"谢谢您，尊敬的犼先生。"

"抓紧了！"龙王吩咐道，他们一转眼就来到天安门城楼后面，又看到了一对华表，每根石柱上面都同样端坐着一只犼。

"请问，你们两位为什么盯着皇宫里面，而不是面向宫外的城市呢？"小王和玛鲁霞觉得很奇怪。

"这没什么奇怪的，"两只石犼说，"我们的任务就是提醒皇帝不要总是深居宫闱，不理朝政，催请皇帝出宫了解民情。"

"哦，是这样。谢谢你们的讲解！"

鸟瞰天坛

"那好,"龙王接着说,"皇帝出宫,有时也是为了去天坛祭天。为此要专门准备一条御道,就是皇帝从紫禁城到天坛要走的道路,路上要撒上黄色的沙子……"

"因为黄色是皇家专用的颜色。"小王插话说。

龙王点了点头,继续说:

"路边店铺要进行装饰,胡同口要用绿色的布帘遮起来……"

龙王说着说着,不知不觉地带着玛鲁霞和小王飞到了天坛。孩子们原以为会像平常一样,龙王落到地面后,让他们下来散步,欣赏一下天坛的美景。但他们想错了,龙王似乎没有看到天坛公园的大门。

"龙王，我们不进去看看吗？"孩子们有点失望地问道。

"别着急，我决定先让你们从空中欣赏一下天坛，这样你们就能更好地理解这个建筑群的精妙规划和设计。抓紧点儿，我要升高了！"

玛鲁霞吓得闭上了眼睛，因为龙王刹那升得太高了，小王却正好相反，他兴奋得大喊起来：

"龙王，再高一点，太爽了！"

"你们往下看，天坛全景一目了然。"

小王来回扭头，不断地提问，而玛鲁霞这时候吓得一动也不敢动，连眼睛都不敢睁开了。

"龙王，玛鲁霞不敢睁眼！"小王大笑着说。

渐渐地玛鲁霞壮大了胆子，睁开眼向下看。这时她听见龙王说：

"首先，我给你们讲讲天坛这个名字。'天坛'的'天'，就是'上天'，'坛'是'祭坛'，顾名思义，这里曾经是进行祭天活动的地方。最初的时候，祭坛设在北京的郊区，远离城市的喧嚣。后来修建了城墙，才把祭坛改建在城内。"

玛鲁霞这时已对飞行高度稍微适应了一点儿，于是开口问道：

"为什么天坛围墙有不同的形状？"

"真是个善于观察的姑娘！确实，北面的坛墙是圆形的，南面的是直角的。我再说一下，传统文化中圆形象征着……"

"知道，知道！"小王和玛鲁霞异口同声地回答，"圆象征天，方象征地！"

"完全正确！"龙王总结说，"用这种形式直观地体现了天地合一的思想。现在你们看得很清楚，天坛的主要建筑都沿着一条线排开。"

"而且所有建筑都有圆形的外观。"小王说。

"最早的时候，天坛只有一个西门，皇帝参加祭祀仪式就是走这个门的。"龙王继续讲解着，"离西门不远是斋宫，皇帝进行祭祀前，要在这里做准备。中国在历史上是一个农业大国，国家的安宁取决于农业的丰收，而老百姓又认为，能否丰收，一切都在天，他们很担心会发生干旱或闹洪水。所以皇帝每年都要来天坛，尤其是冬至那一天一定要来，在这里祈祷丰收并献上祭品。每一次祭天活动都要花很长时间来进行精心准备。"

　　"都要做哪些准备呢？"孩子们很感兴趣。

　　"现在我带你们去神厨看看。祭祀所用的牲畜（牛、猪、鹿），各种酒类以及一些特殊的菜肴等都是提前在神厨那里做好的，而且事先要运来很多冰块。"

　　"做什么用呢？"

　　"祭祀用的肉类需要保鲜啊！所有这些准备活动我都有幸亲眼见过。当年厨师们准备祭品的时候，都必须穿上专门的服装……现在我们要降落了，可要坐稳了！"

　　现在，小王和玛鲁霞已经站在地面上了，龙王又化身为孩子们（还有您，尊敬的读者）所熟悉的那个身穿绣有龙形图案的绸缎上衣的老人。

　　"现在我带你们开始参观天坛！"龙王郑重地说。

31

游览天坛

跟之前一样,验票员都恭恭敬敬地欢迎龙王的到来……首先映入游客眼帘的是祈年殿,也就是皇帝祭天祈祷丰收的地方。玛鲁霞和小王屏住呼吸,仔细观赏着这座三层重檐、色彩亮丽的大建筑。大殿屋檐全是蓝色的琉璃瓦,辉映着太阳的光芒,底座是一个三层汉白玉圆台,由白石雕栏环绕。这种建筑结构清楚地表达了向上天祈求之意。此外,还有八个汉白玉阶梯由下而上,通向大殿,进一步体现了祈年殿所蕴含的原意。

"现在我们进大殿去参观一下。"龙王建议说,孩子们乖巧地跟在他后面。龙王向他们瞟了一眼,看着孩子们脸上的表情,知道他们的的确确受到震撼了。

"每一个来大殿参观的人都会被这恢弘的内部空间所震撼。"

"真的,我没想到它里面有这么大!"小王若有所思地说。

"大殿里面是没有大梁的,所以空间显得格外大。"

"一直通到顶端了!"玛鲁霞兴奋地叫了起来,就像是解决了一个复杂的难题。

"没错。"

"只是我不明白,这个大殿没有厚实坚固的墙壁,靠什么支撑着屋顶呢?"

"它的结构非常复杂:中间有四根柱子负责支撑顶层屋顶,有十二根柱子支撑第二层屋顶,另有十二根柱子支撑底层屋顶,这么多柱子来支撑,就均匀地承受了屋顶的重量。这座大殿有38米高(相当于现在的12层楼),却没有一面承重墙,可见当时的测算有多精密!大殿里面摆放着皇帝祭天用的祭坛……现在咱们继续游览吧!"龙王说完突然大笑起来。原来玛鲁霞和小王听他讲得都入了神,张着嘴站在那儿,一动不动。当他们俩缓过神来互相看到对方的样子时,也禁不住哈哈大笑起来。

"我们就是专心听,怕漏掉什么,你刚才讲得太精彩了!我们现在要继续飞吗?"小王和玛鲁霞叽叽喳喳地抢着说。

"也是,也不是,"龙王神秘地回答,"我们现在要去天坛公园的南面,那儿是皇穹宇和圜丘坛。咱们去走丹陛桥,现在这里的游人很多,都是随便走的,不守规矩……"

"难道还有什么规矩吗?"小王问道。

"走丹陛桥,旧时是有严格规定的。你们看,中间那条石路大理石颜色特别明亮,而且略呈弧形凸起……"

"龙王,中间这段路可不好走。"玛鲁霞说。

"是的,中间这段路叫神道,是专供天帝神灵走的;左边是御道,是皇帝走的;右边是王道,是王公大臣走的。现在的这些游客会考虑这些吗?很多人都直接走了中间的神道。"

仨人格外庄重地迈开步子,向圜丘坛方向走去。

"龙王,这条路真有意思,我感觉高高的,就像走在树顶上一样!"玛鲁霞激动地说,"你刚才说的'也是(飞),也不是(飞)',就是这个意思吧?"

"对!这种设计的用意是让参加祭天仪式的人们庄严地走过漫长的丹陛桥之路,寓意慢慢靠近'上天'。"龙王解释说。

不一会儿,他们来到了皇穹宇。这个建筑跟祈年殿很相似,如同小一号的祈年殿。

"这里是供奉皇帝祭祀用的神牌的地方,"龙王庄重地说,"建筑周围是回音墙,也叫回音壁,这墙壁还藏着一个秘密。"

"什么秘密?"

"你们站到这儿来,靠墙根站好,我到墙壁的另一面去。"

"然后会怎么样?"

"你们会看到的,确切地说是听到。"龙王神秘地说。

于是,玛鲁霞和小王就站在墙边等着,突然他们清楚地听到了龙王的声音:

"玛鲁霞、小王,能听到我吗?"

"能听到,但我们看不见你。你在哪里?"

"你们现在知道什么是回音壁了吧!感觉就像是人与'上天'在交流,很神秘。现在你们走向皇穹宇吧,踩上第一块石板,拍一下手,就会听到一声回音;踩上第二块石板,拍手,会听到两声回音;再踩上第三块石板,拍手,能听到三声回音。"

玛鲁霞和小王真的按龙王说的一一做了，果然听到了连续不断的三声回音！然后，他俩互相使了个眼色，决定再回到回音壁，在那里他们又听到了龙王的声音：

"现在你们去圜丘坛，爬到最上面，数一数共有多少台阶。我们在那里会面。"

"小王，如果我们跟别人说起这面神奇的墙壁，肯定没人相信，人们肯定会说这里没准安装了什么电子设备……"

玛鲁霞和小王虽然觉得很不可思议，但还是听龙王的话来到了圜丘坛。

"你看，小玛，圜丘坛共三层，都是汉白玉……"

"别分心！我们还要数台阶呢。"玛鲁霞严肃地提醒他说。他俩认真地数了一遍，一共有 27 级台阶。当他们登到坛顶的时候，果真看到了笑眯眯的龙王。

"龙王，正好有 27 级台阶！"

"好样的，完全正确！现在告诉你们，为什么是这样：9 是最大的单数，是上天和皇帝的象征，27 是 9 的三倍！你们看，坛顶正中间有一块凸起的圆石，它有一个特殊的名字，叫'天心石'，意思就是天的中心。来，你们站到这块圆石上说一句重要的话！"

"然后呢？"

"你们马上就会知道！"

玛鲁霞和小王交头接耳，商量了一下，然后站到坛顶中间的圆石上，齐声说了一句："北京，我们爱你！"

然后他们惊呆了：他们听到的自己的声音特别洪亮，就像是用什么特制的话筒说出来的。

"你们刚才说得很好！但这里没有任何话筒，这种效果完全是古代建筑师和工匠们利用自己的专业知识和高超的技艺营造出来的，让人感觉自己就像是跟'上天'

在对话。现在往四周看一下,这里可以瞭望天坛整个建筑群。看,圜丘坛周围有两重矮墙环绕,内墙为圆,外墙为方,墙上有门。"

"龙王,我觉得,站在这个祭坛上就像是飘在空中,四周全是雪白的云朵!"玛鲁霞激动地说。

"你说得很对!要知道,这些神奇的建筑当年不是为了游玩而建的,北京有九坛之说,这九坛各有自己的用途。而这座祭坛是专为皇帝与'上天'沟通而建的。"

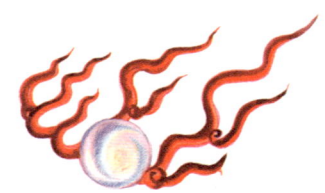

32

北京菜

离开天坛之后,三个游客走在马路上,看到了很多大大小小的饭馆儿,里面飘出诱人的香味。

"我看你们肚子饿了吧,该吃点饭了!"龙王说,"顺便告诉你们,中国人都要在中午十二点左右吃午饭。"

"所有人都会这样吗?"玛鲁霞有点儿怀疑。

"也有例外,但是通常情况下人们都会这样做,"龙王解释道,"你们知道吗,这很对。"

"也许,这是完全正确的。"小姑娘点着头说。

龙王继续说道："中国是一个大国，在这片土地上除了汉族，还生活着其他55个民族！这就意味着会有很多不同民族、不同地区风味的饮食。"

"我还以为中餐就只有一种形式呢……"

"你说什么呢，完全不是这样！"小王反对道。

"玛鲁霞，光这条街上就有山东菜、上海菜、广东菜、四川菜，还有不少其他风味。"

"要是都能尝尝就好了……"小王憧憬地说。

"没有问题啊！"龙王笑着说，"现在我们面前就有一家四川菜馆儿。"

"天哪！盘子里的红辣椒可真多！"玛鲁霞大叫起来，"这可怎么吃啊？"

"四川人之所以有吃辣的习俗，可能是因为高热气候下红辣椒可以防止食物变坏。而上海菜肴的特点是以丰富的海产品为主。"

"龙王，快看，那边有一个人在挥手！"玛鲁霞说。

"那是我的老朋友陈先生，他是'老北京'饭馆的掌门人。"

他们赶紧走过去，那边已经在等他们了。他们正要往里看的时候，一个穿着带白色袖口的蓝色上衣的服务员大声喊了一声："Sān wèi！"玛鲁霞被这突如其来的声音吓得一哆嗦，只听见其他的服务员也跟着接连喊："Sān wèi！"原来，这个词翻译过来的意思就是"三个人"！龙王他们找了一张桌子，坐了下来，这时孩子们才意识到，他们的肚子的确已经饿了，腿也隐隐发酸。这时候，饭店老板陈先生朝他们走过来：

"您好，您好，尊敬的龙王先生！很抱歉，服务员们没有认出您来，年轻人嘛，请您多多包涵。"

然后，他大声地喊了一句："龙王先生和他的两个朋友来啦！"

"你们吃点什么呢？"

"还像平时一样，传统北京菜。得让我的年轻朋友们感受一下老北京菜的特色。别忘了来个凉菜'拍黄瓜'！"

"啊，"玛鲁霞大声惊呼，"黄瓜有什么过错，为什么要拍它呀？"

"别担心！这只是一种烹调方式。黄瓜先用刀拍一下再切，然后加一点儿香油、酱油和蒜末。这菜水灵灵，汁儿多，很好吃。"

"明白，明白，"陈先生一边点头一边说，"现在的年轻人老是想在吃上节省时间，总要吃快餐。而我们饭店里的菜都是用新鲜食材做成的，厨师都是经验丰富的师傅，遵循传统的烹调方法。"

接下来，龙王叫出了一系列稀奇古怪的菜名，玛鲁霞和小王在旁边认认真真地听着。其实，他们是真的饿了。

很快就有一个服务员出现在他们面前，手里拿着一个锃光瓦亮的铜茶壶，壶嘴又细又长。服务员往放好茶叶的茶碗里精准地倒水，倒完又熟练地把瓷茶碗的盖子一个个地盖好。

"这茶可真香啊！"玛鲁霞禁不住赞美道。

"这是著名的八宝茶，是由绿茶和八种果脯组成的，不光味道很香，还对身体有益。"

各种各样的小凉菜陆续送到桌上，有茶叶蛋、拍黄瓜、老虎菜、芥末鸭掌、老醋花生、凉拌藕片、豆腐，等等。

"这些都是小凉菜，"龙王解释道，"是给你们开胃的。"

"我们的胃已经开得够大了。"小王说了一句，便熟练地用筷子夹起了一颗油炸花生米放进嘴里。

这时候玛鲁霞正在努力学习用筷子,却总也用不好。

"看来,你还没真的饿。"龙王说。

"不,是因为我还从来没有用筷子吃过饭呢。"

"玛鲁霞,你把筷子当成一只鸟的嘴,想象一下,小鸟饿坏了,要张开嘴,把食物夹起来。"

玛鲁霞笑了起来,又试了一下,这次就成功地夹起了一颗花生米。

这时候,服务员端来了一大碗面条,熟练地把小碟子里的萝卜丝、黄瓜丝、青菜、蒜末、黄豆等配料一一倒入大碗中。接下来,又有"松鼠鱼"、鱼香肉丝、宫保鸡丁、京酱肉丝等菜肴陆续上了桌。

孩子们吃得津津有味,灵活地用着手里的筷子。饭馆老板见到自己的老朋友也非常高兴。

"龙王,我正想问您,我们去了故宫,它是皇家冬季住的宫殿,既然有冬宫,那就应该还有夏宫吧?"玛鲁霞问道。

"完全正确!北京的夏宫就是著名的颐和园。"

"那我们会去那儿看看吗?"小姑娘充满期待地问。

"对,我们会去那儿吗?"小王也问了同样的问题。

"其实咱们的行程已经接近尾声了,咱们该回去了。"龙王说道。然后他沉默了一小会儿,似乎在仔细思考着什么,又似乎是在权衡着什么。这时候服务员端上了一盘造型漂亮的水果盘,孩子们开心地吃了起来。

"怎么样?你们吃饱了吗?"

孩子们齐声应答:"吃饱了,谢谢你!"

"我们现在又有劲儿了,可以继续游览了。"龙王满意地说。

他们刚从座位上站起来,饭馆老板就出现了。他彬彬有礼地跟龙王告别,龙王说近期还会再来看望他。他们就要出门的时候,陈老板突然高声说道:"你们还有很长的路要走,带点儿什么在路上随便吃吃。"说罢,就往孩子们的手里塞了几袋糖果。

他们又回到了大街上。告别时,玛鲁霞觉得,几乎所有的服务员和厨师都出来送他们了呢。

乘着龙舟旅行

"我们现在要去夏宫!"龙王正式宣布。

"太好啦!太好啦!"玛鲁霞和小王大叫起来。

"要走水路,"龙王补充说道,"一、二、三,梦想成真!"

顷刻之间,他们来到码头,那里停靠着几艘游船,是开往夏宫颐和园的。码头上聚集了很多人,有北京人,也有外地人,还有外国游客。两个孩子充满待望地向龙王看了一眼。

"好吧,好吧,咱们先走到一边吧,我给你们变一条龙舟。你们俩会划船吗?能划起来吗?"

"行，行，我们能！"

"一、二、三，梦想成真！"

转眼之间，他们面前出现了一艘船。船身很长，船头看上去很像是真正的龙头，船身两边画着漂亮的花纹，像是龙身上的鳞片，船尾形状也很像一条真的龙尾。

小王和玛鲁霞抓起桨，划了起来，但是不知道为什么，船的速度很慢。

"怎么办哪？我们才走了不到5米……"

"没关系，不要失望！"他们听到一个声音在说。

"是谁在说话？是龙王吗？"孩子们彼此对看了一眼，但他们听得出来，声音不是从船里传出来的。

"你们别来回看，往这里看一眼吧！"

孩子们赶紧顺着声音看过去……看见有一只大熊猫、一只长颈鹿，还有几只小猴子！它们都站在河岸的栅栏旁边。

"不要惊讶！你们正好经过北京动物园，所以我们决定来帮你们的忙。"

"你是真的大熊猫吗？"玛鲁霞惊讶地问。

"当然是真的了！我可不是玩具。"那个胖胖的家伙骄傲地回答，然后抓起嫩竹子，咬得咯吱咯吱响，好像是想证明自己的确是活物。

"太棒啦！我早就想见见真正的大熊猫啦！请问，为什么我们的船一点儿都不动呢？"

"你们得去问小熊猫，它很聪明，肯定能给你们建议。"

"小熊猫在哪里？"

"问得好。它就住在这棵树上，做什么事都不急不躁、不慌不忙的。"

这时候，孩子们发现树上有动静，接着就出现了一只小动物，它的全身是深棕黄色的，尾巴上有环形的黑条纹。

"你们划桨划得没错，只不过你们的动作应该是同步的。要做到这一点，你们可以喊号子：一二、一二、一二……"

说完这些话，小熊猫就离开了，孩子们只能欣赏到它美丽的长尾巴。

"谢谢您给的建议！"孩子们立刻又开始划桨了，嘴里喊着，"一二、一二、一二……"

果然，他们的动作变得很有节奏，小船也开始在水中快速滑行了，飞驰向前，超过了其他许多船只。游船上的人们热情地向他们招手，向两个能操控小船的孩子投去赞赏的目光。终于，孩子们到达了颐和园。他们双脚刚刚踏上岸边，那艘龙船立刻就消失了，亲爱的龙王又出现在他们面前，还是穿着那件绣着好多龙形图案的丝质华丽外衫。

"你们很棒！划得很好！现在欢迎来到颐和园观光！"

34

上有天堂,下有苏杭

此时,颐和园的全景展现在他们眼前。

"太美了!"玛鲁霞和小王禁不住异口同声地赞叹道。

"深有同感!这儿真是风景如画。而且,这里还有个秘密呢……"

"什么秘密?"小王小声地问道。

"事情是这样的,这里的山水很容易让人们想到中国南方,想到杭州美丽的西湖,杭州和西湖誉满海内外,甚至有一句俗语说:'上有天堂,下有苏杭。'清代乾隆年间,由于国家在这里大兴土木,把周边的山溪河水引到这里来,使得昆明湖水面扩大了不少,形成今天的样子。那次水利工程保障了北京的供水,改善了河流水系，同时，在这个基础上还修建了这个美丽的皇家园林。"

仨人沿着昆明湖的东岸走去，意外地看到一头卧在岸边的铜牛。

"您好，尊敬的龙王！"铜牛哞哞地打招呼说。

"你好，亲爱的朋友！"龙王也赶紧回应。

这时，铜牛伸了伸腰，慢腾腾地站了起来。

"哇，太神奇了！"孩子们齐声惊叹，"难道您是真的吗？"

"你们认为呢？真正的艺术都是活生生的。"铜牛答道。

铜牛大概是想活动活动腿脚，在满脸惊讶的孩子们面前来回走动起来，幸好这时附近没有游客。铜牛似乎猜到了孩子们的心思，说：

"不用担心，不是每个人都能看到我的真相，只有善于观察的人才能看到！尊敬的龙王，您可有日子没到我们这儿来啦……"

"是的，的确是很久没来了。这两个孩子是从俄罗斯来的，今天带他们来欣赏一下我们皇家园林的美景。"

"哦，这儿的景色可真是不错！世界各国的人都来这儿参观，人们经常站在我身边，欣赏这里的景色。你们知道吗，我因此学会了用好几种语言说'真漂亮'——'Как это прекрасно！''It is so beautiful！''Comme c'est joli！'等等。"

突然间，公园里响起了响亮的广播声："尊敬的龙王，公园管理处非常欢迎您的到来！我们期盼着您作为嘉宾出席北京国际园林建筑艺术研讨会，已有专门快艇马上来接您，请您立即前往主会议厅！"

"那我们怎么办呢？谁领我们参观颐和园？"玛鲁霞和小王着急了，"要知道，我们很快就要离开北京啦！……"

"是啊，这该如何是好啊！"

"不会有任何问题的,尊敬的龙王,我愿冒昧充当导游,领着这两位小客人游览颐和园。"

"太好了!可您能离开自己的岗位吗?"龙王忧心忡忡地问道。

"稍等一下……我有急事需要暂时离开时,一般都采用这种办法。"铜牛随即在自己的底座上挂上一块牌子,上面写着:"抱歉,铜牛送去修复,请各位谅解。——颐和园管理处。"

"那好,这样我就完全放心,可以去参加会议了。"说着龙王连忙坐上了快艇。

"请允许我先自我介绍一下,我叫老牛,"铜牛对玛鲁霞和小王说,"我们的颐和园之旅现在开始!"

35 山水美如画

"你们已经知道了,这个地方很容易让人想到……"

"地上的天堂!"小王抢着说。

"没错,万寿山和昆明湖一起构成这山清水秀的画面,就如同一幅山水画。这里本来就有一个湖,但形成今天这样一个山湖合一的绝美画面还是费了不少功夫的。因为后来拓宽了湖面,加固了山体,还修了一个堤坝,叫西堤,在西堤上修建了六座形态各异的石桥,完全是模仿杭州西湖的苏堤而建的。湖中有几个岛,其中三个大的、两个小的。最靠近东岸,也就是离我们最近的这个岛叫南湖岛。南湖岛通过十七孔桥与东堤相连,十七孔桥的桥面看上去就像是一条弧形的岸线。"

"老牛伯伯，您真了不起，知道这么多！"玛鲁霞赞叹说。

"谢谢你！要知道，我一直生活在这里，见到的游客、听到的讲解太多了，耳濡目染，也就掌握这些知识了。比如，很多游客问，为什么湖中要建三个大岛呢？"

"对啊，为什么呢？"孩子们齐声问道。

"这个问题说简单很简单，说奥妙也很奥妙。根据中国的神话传说，海上有三座神山：蓬莱、瀛洲、方丈，在三座山上都是有神仙居住的，那么昆明湖上的三个岛就象征着这三座神山。"

"老牛伯伯，请原谅我的好奇心，我有一个关于您个人的问题想问，为什么恰恰把您安顿在这里？也就是说，为什么这里要放一个铜牛的雕像呢？"玛鲁霞有点儿不好意思地问道。

"想必您也是一个名人吧？"小王给她帮腔说。

"这个问题问得很好！说明你们真的是对中国的文化感兴趣！为什么会放一个牛的雕像在这里呢？这是因为中国是一个传统的农业大国，所以北京就有好几处与农业相关的神坛。比如说，离紫禁城不远有一个社稷坛，是明清两代祭祀土地神和五谷神的地方。坛上铺有五种颜色的土——五色土，象征着'普天之下，莫非王土'。北京有个地坛，离天坛不远还有个先农坛，农耕开始时，皇帝要前往先农坛亲自握犁耕田……兴建这里的园林时，在昆明湖西岸开辟了一块区域，专门进行农事，并为它起了一个名字叫'耕织图'。那边存有耕织图的石刻，上面展现了古人在稻田中劳作和从事蚕桑织布等农事的情景。而中国的农耕事务中怎么能没有牛呢！"

"但我们是在湖东岸看见您的啊！"小王突然想起来说。

"不谦虚地说，这个铜牛雕像放在这里，就是为了纪念从事繁重农业劳动的老牛，它们是农家不可替代的帮手。中国民间有很多关于牛的传说。"

"老牛伯伯，快给我们讲一个呗！"

"好吧，实在无法拒绝你们……从前有兄弟两人，他们的父母去世后，哥哥把父母留下的贵重东西都抢走了，而弟弟是个放牛郎，哥哥只给他留了一头又老又瘦的黄牛。弟弟非常难过，禁不住在牛棚里伤心地哭了起来，这时，他忽然听到一个温和的声音。原来是这头老牛说话了，它安慰弟弟说一定会帮他的。弟弟渐渐长大成人，到了该娶媳妇的年龄了。这时老牛帮他出了个主意，放牛郎听从老牛的建议，来到河边，看见有几个天上下来的仙女。她们都是王母娘娘的孙女，正在河里洗澡，他就把其中一个仙女的衣裳藏了起来。这位仙女恰恰是众仙女当中最美丽、最善良、最勤劳的。于是这位仙女就留了下来，成了牛郎的妻子。她的姐妹们则回到天宫，去继续做自己的工作——织云彩。过了一段时间，老牛死了，临死之前，它嘱咐牛郎，一定要保存好它的皮，一旦遇到困难，会有用处的。

"可是，天上的王母娘娘得知自己的孙女——织女私自下界嫁给了牛郎，还生了一对儿女，她非常生气，开始到处寻找织女。她命人趁牛郎不在家的时候，抓走了织女。可怜的丈夫发现妻子被带走，他急忙从家里找了一根扁担、两个筐，披上牛皮，挑着两个孩子去追赶心爱的妻子。眼看就要追上了，差一点儿就能拉上织女的手了……但狠心的王母娘娘拔下头上的簪子，在他俩之间画出了一条天河，以天河为界，把一对相爱的人永远分开，只允许一年见一次面。每次到见面的那一天，就有千万只喜鹊飞来搭成一座鹊桥，让织女和牛郎在桥上相会。

"我想起这个故事不是偶然的。中国古代的汉武帝曾下令在长安城的西南营建巨型人工湖泊——昆明湖，并在湖的东西两岸分别摆放牛郎和织女的两座石像。乾隆皇帝也许多少借鉴了这个创意，也想用类似的办法将昆明湖的东西两岸联结起来？"

"哇，太有意思了！中国有太多神奇的故事了！要了解这个古老国家的文化，我们还有很多需要学习的东西！"玛鲁霞和小王抢着说。

"绝对是这样。"老牛赞同地说。

36

跟着老牛继续游览

"现在就爬到我的背上来吧,我们继续游览!"老牛说。

孩子们毫不犹豫地爬上去,老牛迈开雄壮的步伐,沿着东堤向前走去。游人们看到这一幕,万分惊奇,纷纷议论着:"真没想到,以前都是让孩子们骑马、骑小毛驴游玩,现在都骑上牛啦!这父母都是怎么当的!"老牛就像没听见一样,若无其事地一边走着,一边给孩子们认真介绍颐和园。

不一会儿,他们来到一座两层小楼前。

"这是夕佳楼。以前,皇帝喜欢登上这座小楼的二层,观赏夕阳西下、红日徐徐落山的美景。"

"您的意思是,这座小楼是专门为皇帝欣赏夕阳而建的吗?"玛鲁霞有点儿疑惑地问道。

"当然是这样!要知道颐和园最吸引人的地方就是其山水风景之美和景观的多样性!"

"我在莫斯科也喜欢透过窗户看夕阳,每次去太姥姥家,总是喜欢站在窗前欣赏落日。她家的窗户正对着一条运河,夕阳每次都会呈现出不同的色调。"

他们走着走着,就来到了公园的东门。

"这是公园的正门,不远处就是仁寿殿,皇帝在这里处理国事,接见外国使臣。小朋友们,现在我想请你们看一场戏剧。"老牛郑重地说。

"不看,不看,不看!"孩子们嚷嚷着说,"我们当然喜欢看演出,但现在不是时候。我们很想多看看颐和园,因为我们很快就要离开北京回家了!"

"别担心,我请你们去的戏楼叫德和园,就在颐和园里面,离仁寿殿不远。"

孩子们这才跟着老牛去了。

"快一点儿,演出马上就开始了。"

不一会儿,玛鲁霞和小王看到了一座带有露天戏台的三层小楼。

"观众坐哪儿呢?"

"咱们得穿过院子,对面有空位,找个座位坐好就是了!以前在这儿看戏的是慈禧太后和内臣们……你们看,这戏楼共有三层:最下面一层是人的世界,二层是鬼怪,最上面一层是神仙!"

这时锣鼓响起,戏台上出现了猴王孙悟空。他不停地做各种鬼脸,一会儿用鼻子闻闻,一会儿眯起眼睛望望,动作十分搞笑。刹那他一下跃上戏楼最高层,一会儿又飞快地降到下面来,弄得孩子们都惊讶地大叫起来。

"太精彩了！"小王禁不住赞叹，"简直太棒了！是怎么做到的？他竟然能穿过戏台的地板和顶棚吗？"

老牛哈哈大笑起来：

"当然不是，那里有一根绳索，顶板上有'天井'，地板上有'地井'，演员可以通过'天井''地井'，做到'上天''遁地'。"

演出结束了，老牛建议玛鲁霞和小王去化装间看看。

"老牛，很高兴您来看我们的演出。"演员们都客气地跟他打招呼。

"应该感谢你们精彩的演出，"老牛也礼貌地回应着，"能不能给我们这两个小朋友稍微讲一下京剧的知识呢？我们时间很紧。"

"京剧中的人物有很多。"

"那怎么识别呢？"孩子们好奇地问道。

"每个角色都有自己的脸谱，就是特殊的化装方法。上装可是一门大学问，观众根据脸谱的颜色就能知道人物特征。红色代表勇敢、忠诚；白色代表阴险、奸诈、凶恶；黑色代表刚直、公正；金色一般代表各种神怪形象；绿色代表顽强；蓝色代表刚强、骁勇……还有，京剧中不用布实景。"

"的确是这样，我们刚才就没看到实景嘛。"

"京剧里椅子可以代表山，两张桌子可以代表城堡，演员手拿的黑色旗子代表刮风。如果演员想表示他在高楼上，就要站到桌子上去；如果他再把手放在额头上，就表示他正在岗楼上眺望远方。"

"就像在长城上站岗那样。"小王补充说。

"我以前在莫斯科的大剧院看过芭蕾舞剧《堂吉诃德》，当时把一匹活马牵到舞台上来了！"玛鲁霞说。

"而京剧表演中,演员有时会拿着一根普通的小鞭子,这就意味着他正在骑马。"

"那怎么表演划船呢?"小王问。

"演员会拿着一支桨出场。"

"观众都能看明白吗?"玛鲁霞好奇地问。

"真正的京剧迷都能看懂这些细节,明白其中的奥妙。他们很懂得欣赏这种表演艺术,看到精彩处会大声喝彩叫'好!'。"

"我们也为你叫'好!'。"孩子们说。

"我们得走了,要继续游览颐和园。"老牛催促说。

"等等,等等!"演员们一边说着,一边给小王和玛鲁霞每人送了一套京剧脸谱的剪纸。

孩子们恋恋不舍地离开了戏楼。

"为什么好玩的事情总是结束得这么快呢?"小王不高兴地说。

"开始的时候,你们还不想去看呢。"老牛笑着说。

"我们当时不知道会这么有意思!"孩子们齐声答道。

"是的,事情不经历是不知道好坏的。现在你们也同样不知道接下来的事情……也许有更好玩的!好啦,出发吧!"

没有墙壁的画廊

　　老牛带着玛鲁霞和小王来到昆明湖的北岸,在这里,他们又一次看到奇特的美景。只见那著名的颐和园长廊沿着湖岸蜿蜒展开,就像是一条色彩斑斓的项链,美得让人咋舌。

　　"这是'长廊',长 728 米,是中国园林中最长的带顶长廊。"

　　"哇,真了不起,差不多有 1 千米长!"小王惊叹道。

　　"对,它不但是中国园林中最长的长廊,而且还被载入了吉尼斯世界纪录大全,另外,还有更加重要的……"

　　"是什么呢?"

"你们看，枋梁和顶棚上全是色彩鲜明、五彩缤纷的彩画，咱们顺着长廊走，去欣赏一下这些彩画吧。"

"哇，我看到猴王孙悟空了！"

"是的，这些彩绘内容有小说《西游记》中的片段，这部小说讲的是唐朝和尚玄奘去印度取经的故事。"

"这儿山水画的景色很像颐和园。"玛鲁霞指着一处彩画说。

"你差不多说对了，"老牛解释道，"这儿画的是著名的杭州城的景色。"

"'地上的天堂'！"玛鲁霞接着说，"我还看到了竹子、梅花、松树的彩画。"

"这就是人们所说的'岁寒三友'啊！"小王好像很懂似的说道。

"你们看，咱们可以沿着长廊走……"

"就像是在博物馆里一样，能一边呼吸着新鲜空气一边欣赏彩画！"玛鲁霞会意地说。

"问你们一个问题，你们知道这里一共有多少彩画吗？"老牛问道。

"唔，可能一百以上……总之很多！"小王含糊地回答。

"实际上有一万四千余幅！可以说是名副其实的画廊。这些彩画描绘了古代中国的文化传统和风俗。但这还不是全部，这个园林长廊，你们还能说出有哪些神奇的地方？"

"这个长廊有顶棚，可以防晒，防雨，甚至防雪。"孩子们补充说。

"说对了！还有呢？"

玛鲁霞和小王互相看了对方一眼，但再也想不出什么了。

"我来告诉你们吧，长廊就像是一条精美的彩带把颐和园多种多样的建筑连缀在一起，长廊共分成273间，每一间都像是公园一景的精美画框。"

"噢，真的耶，老牛伯伯！原来既能欣赏枋梁上的彩画，也能欣赏真正的自然风光！"玛鲁霞高兴地说，"这简直就是一个神奇的没有墙壁的画廊！"

他们仨沿着长廊往前走，尽情欣赏着长廊上的彩画，突然，小王大声喊道：

"停！这里肯定是什么很重要的地方。瞧，岸边有座三间牌楼！"

"我看你们没白跟着我，一天时间就学到了很多东西！"老牛得意地说，"那的确是牌楼，这表明我们来到了颐和园的主建筑群附近，这里是万寿山南坡的中轴线，这条中轴线就起始于这座牌楼的中间。——这里还有个故事呢。1751年，乾隆皇帝要庆贺母亲六十大寿，决定在此地修建一座寺庙，还把这座山的名字也改了。这座山原先叫瓮山，相传是因为有位老人在这里发现了一口大瓮，人们认为这是一个吉兆，于是就起名叫瓮山，乾隆皇帝则把它改为'万寿山'了。"

"我知道，我知道这是什么意思！"小王大声说，"就是'一万岁的山'！"

"完全正确！就是万岁山的意思，也可以说是祝贺皇太后万寿无疆的意思。"

他们继续沿着长廊游览，突然间，一个猴王出现在他们面前。

"孙悟空？"孩子们惊讶地叫起来。

"是孙悟空耶！"

猴王做了个搞笑的鬼脸，挠了挠耳朵，然后拿出一根神奇的棍棒。

"看到了吧，这棍棒是我从东海龙王那里抢来的，它能说变就变，可以变得很长很长，也可以变得很小很小。平时嘛，我就把它藏在耳朵里。"

"太神奇了！"

"那当然了！"猴王得意地笑起来。

这时候周围已经聚集了一群游客，他们以为要有演出了。孙悟空还在继续说着："各位观众，从长廊的这些彩画中，你们能够看到四大名著之一《西游记》的场景。

这本小说被翻译成了很多种语言，包括俄语（俄语译本是由俄罗斯著名汉学家阿列克谢·罗高寿完成的）。"

"回去后一定读一下。"孩子们下决心说。

"我说到哪里了？哈哈，想起来了！"猴王接着说，"小说讲的是唐朝和尚玄奘去印度求取佛经的故事。要知道中国的佛教是从邻国印度传来的，而印度就位于中国的西边，所以就叫'西游记'。玄奘和尚一路经历了很多的磨难和考验，假如没有我的帮助，他是无法克服这些困难的！"说罢，猴王做了一个自己的招牌动作，哈哈大笑了几声，又小声地嘀咕了几句，瞬间变得很小很小，又回到了枋梁上的彩画中。过了几秒钟，它又现身了，从画中探出头来清楚地说道：

"老牛，现在领孩子们去山上吧！"说完又隐身到彩画里面了。

"哎哟！人机对话！现代科技真厉害！借助于科技才能创造如此的神奇！这对培养孩子的美感很有帮助！"周围的人纷纷议论起来。

这时，孙悟空又从画里出来，严肃地说：

"各位观众，你们说错了！当然，我不排斥现代科技……但绝不能抹杀真正艺术的神奇力量，这是不能抹杀的！"而后孙悟空又转头对老牛说："一定要带孩子们去山顶。"

老牛说："我们没时间去了。"

但孙悟空仍旧坚持说："还用我教你吗，你自己是会魔法的！"

"坐上来吧。"老牛哞哞地说。

于是，玛鲁霞和小王赶紧爬到老牛的背上。

"坐好！"老牛命令道。然后就……

不是奔跑，而是飞起来了！他们飞到高空，从岸边的牌楼一路飞过排云殿、德

辉殿，最后到达佛香阁。沿途往下看去，昆明湖、东堤、西堤、十七孔桥，还有湖中的小岛……构成一幅绝美的风景画。

"小朋友们，我们得抓紧。你们听见了吗？高音喇叭传来声音，说龙王先生半小时后将在颐和园北门等待自己的朋友……好吧，半小时够我们再看一个景点了！"老牛说。

这时，孩子们吃惊地看到一条船意外地出现在他们眼前。

"好漂亮的船啊，咱们坐上去游湖吧！"小王喊着说。

老牛只是笑了笑说：

"这艘船还从来没有离开过码头呢，因为它是大理石做成的。修建这个园林的时候，乾隆皇帝几次南巡，看到中国南方地区一个习俗，就是喜欢在岸边修建船形的凉亭，这些凉亭既是一道风景，也为人们休闲提供了方便。比如，人们可以坐在亭子里喝茶，吃点心，或者欣赏水面的风景……乾隆皇帝很喜欢这习俗，于是传令给大臣们，让他们找人修建一艘永远也不离岸的船只。19世纪的时候，这艘船遭到严重破坏，木制部分被烧光了。后来修复的时候，在上面加了一个舫楼，底座也仿照欧洲船只添加了两个轮子。虽然这石舫从来没有开动过，但却构成了一道美丽的景象，就像是刚刚停靠在码头，不久就要出发，要去湖上航行。"

"我还从来没见过这样的船呢，"玛鲁霞说，"莫斯科倒也有从来没有开过炮的炮王和从来没有出过声的钟王。"

38

苏州街

"好啦,亲爱的朋友们,我们还有二十分钟时间……也许我还能带你们逛一下万寿山北坡,哪怕是粗略看一下也好。以前这里还有寺庙,但是 19 世纪末被毁坏了,现在残留的只有几个阁楼和佛塔,还能让人们忆起往日的辉煌。北坡的山脚下有一条小河,叫后溪河,河北岸是人工堆积的土山,用来挡住围墙,拓宽视觉空间。这里到处都是密密麻麻的树木和灌木丛。"

"老牛伯伯,您看,那是条什么街?"孩子们感兴趣地问道。

"那是著名的苏州街,"老牛解释说,"当年修建苏州街的想法,是要在颐和园里面建一条热闹繁华的商业街,如同南方城镇。你们看,街上的店铺都不大,门面色彩鲜亮，各类小店紧紧挨在一起，成排而建，倒映在水中……以前朝廷派人在这里装扮成店员和顾客，营造一种接近普通百姓生活的氛围。"

"那这条街就是做游戏的，用来表演普通人的生活，对吗？"孩子们感到很惊讶。

"是的，要知道，逛商店、买东西等这些简单的生活乐趣，对那些王公大臣尤其是皇室成员来说是很难体会到的……现在让我们快速逛一下这条街吧！"

然而，快速是做不到的。孩子们走在岸边小路上，不时地停下来，"哎呀哎呀"地发出惊讶之声。街边的茶馆、饭馆、糖果点心店、小商铺等一间间地紧挨在一起，店员们都穿着古代的服装……

有一家店里架子上摆着金锭银锭的模型。老牛高兴地讲解说：

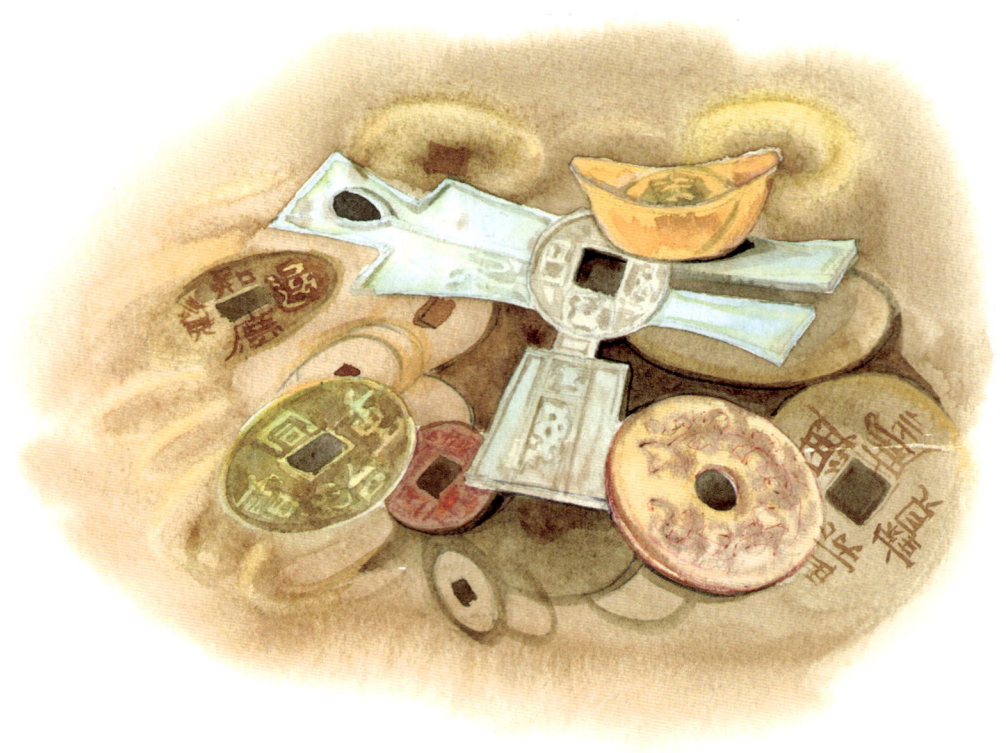

"现在你们面前这个就是银号，以前人们来这里，把钱币换成金银锭。"

另一个店铺是布行，里面有一卷卷绣着奇妙花纹的绸缎……

"快过来！"小王大声地招呼说，"这儿卖风筝！"

的确，在一个小商铺的屋顶上、墙壁上挂满了各种形象造型的风筝，有龙、凤凰，还有蜻蜓、和合之神、老寿星……

他们还看了一下卖扇子、茶叶、甜点、民间玩具等的各类商店。

"小王，你看，这儿有不同颜色的毽子，你不是在莫斯科也玩过？！"玛鲁霞兴奋地喊道。

不料，这时高音喇叭又传来一个声音："龙王先生的尊贵朋友们，请抓紧时间，龙王先生已经在北门等着你们了。"

"别担心！"老牛对孩子们说，"我们离北门很近。"

他们加快脚步往北门赶去，玛鲁霞抓起小王的手认真地说道：

"小王，我们一定要再来一次！"

"当然啦，你们还要来很多次，这里有你们的很多朋友呢。"老牛郑重地说。

不一会儿，他们就看到了龙王。又到了告别的时刻了。

"敬爱的龙王，我一定会在颐和园随时等着您和您的朋友们的到访。"

"我们的旅行到此就结束了……"

"龙王，还没到时候呢！"孩子们异口同声地说。

"我知道，你们很喜欢这个城市，我们就绕城飞一圈，跟北京告别吧！让你们再从头重温一遍我们的旅程。"

他们飞上高空，又看到了紫禁城、天坛、城墙、城楼、北海公园、钟鼓楼、北京著名的街道和广场……

"哇,龙王,那个特别的建筑是什么?像一个巨大的鸟巢!"

"你说得很对,玛鲁霞,这是国家体育场,就叫'鸟巢'。2008年北京奥运会的开幕式和闭幕式就是在这里举行的。北京既是个古城,也是个现代化的大都市。"

他们又飞过了许多北京新城区,鸟瞰高楼大厦和绿树成荫的公园……对孩子们来说,这真是奇妙的一天,给他们留下的印象如此难忘!可是一天的旅途也让玛鲁霞觉得很疲劳了,不知不觉地她就沉沉地睡着了。

当她醒来的时候,已经在太姥姥家了。墙角柜子里的"居民"们都高兴地欢迎他们回来,龙王和小王也都各就各位,进入那个神奇的柜子里。

"龙王,谢谢你!你是世界上最最善良的龙!"玛鲁霞诚恳地说,"只是我有个问题……我在北京走丢了的时候,你为什么没有马上找到我呢?你应该有这个本领呀!"

"你说得没错,小姑娘,但假如我马上就找到你的话,你就不会认识范阿姨和龚叔叔,也就没有机会同善良热心的北京人进行交流了。不了解城市的居民,就不可能了解一个城市。也许正因为有这些好市民,很多到访的宾客才在这里交上了一辈子的朋友,并把自己的一颗心留在了北京。"

后记
北京——神奇之旅

现代生活节奏非常之快,我们总是忙忙碌碌,感觉时间不够用。而孩子们最常听到的一句话就是"快点儿,快点儿,我们要迟到了……",他们何尝不想逃避这句话,去慢慢地享受自己的童年生活呢!这本书能让读者专心于一种特别的家庭阅读氛围。它可以把读者带到世界上最有趣的城市之一——北京——去游玩一番,让读者跟着书中那个打开神奇柜子之门的小姑娘玛鲁霞一起去探究这座古老城市的秘密,逛一逛北京的胡同,参观紫禁城,看一看世界上最大的广场,游览天坛公园,等等。在旅途中善良的龙、凤凰、神龟、大象会讲述北京古老的传说和各种有趣的故事。通过一个小姑娘的眼睛去观察这座城市,能发现许许多多有趣的东西,认识很多新的朋友。

本书无论是从内容、呈现形式,还是从其针对的读者群体来看,都是一本家庭读物。促使我提笔创作这本书的是我的外孙女,她总是有无穷无尽的问题,充满好奇的她仿佛打开了一个神奇的柜子,急切地想要认识这个大千世界。

本书的插图是由画家莲娜·刘完成的。命运和情缘安排她嫁给了刘铉（李莎外孙），成为融合了中俄文化的大家庭中的一员。早在20世纪30年代的时候，俄罗斯姑娘叶丽萨维塔·帕夫洛芙娜·基什金娜（李莎）遇到了自己一生的爱情，与中国革命家李立三结为夫妻，先在莫斯科共同生活，后来又来到了中国。李莎不仅培养了两个优秀的女儿，还培养了一大批中国的俄语人才，他们都亲切地称她为"李莎妈妈"。这个家庭中的第三代人也都能熟练地运用汉语和俄语两种语言。莲娜成为这个杰出家庭的一员后，在中国定居多年，她经常举办画展，教授美术，也给一些图书画插图。

2019 年 9 月